K. Werner-Betz

W0345955

DAS
TRAININGS-
BUCH

Rechtschreibung 5–10

In 3 Schritten zum Lernerfolg!

Schroedel

DAS TRAININGS-BUCH

Rechtschreibung 5–10

Autoren:

Friedel Schardt hat langjährige Unterrichtserfahrung als Gymnasiallehrer im Fach Deutsch. Er hat über 30 Jahre lang Lehrerinnen und Lehrer im Fach Deutsch ausgebildet und ist als Coach für Lehrerinnen und Lehrer tätig.

sowie

Thorsten Zimmer unterrichtet Deutsch und katholische Religion am Megina-Gymnasium in Mayen. Außerdem bildet er am Studienseminar Koblenz Lehrerinnen und Lehrer für das Fach Deutsch aus.

© 2015 Bildungshaus Schulbuchverlage
Westermann Schroedel Diesterweg Schöningh Winklers GmbH, Braunschweig
www.schroedel.de

Das Werk und seine Teile sind urheberrechtlich geschützt. Jede Nutzung in anderen als den gesetzlich zugelassenen Fällen bedarf der vorherigen schriftlichen Einwilligung des Verlages. Hinweis zu § 52a UrhG: Weder das Werk noch seine Teile dürfen ohne eine solche Einwilligung gescannt und in ein Netzwerk eingestellt werden. Dies gilt auch für Intranets von Schulen und sonstigen Bildungseinrichtungen.
Auf verschiedenen Seiten dieses Buches befinden sich Verweise (Links) auf Internet-Adressen. Haftungshinweis: Trotz sorgfältiger inhaltlicher Kontrolle wird die Haftung für die Inhalte der externen Seiten ausgeschlossen. Für den Inhalt dieser externen Seiten sind ausschließlich deren Betreiber verantwortlich. Sollten Sie bei dem angegebenen Inhalt des Anbieters dieser Seite auf kostenpflichtige, illegale oder anstößige Inhalte treffen, so bedauern wir dies ausdrücklich und bitten Sie, uns umgehend per E-Mail davon in Kenntnis zu setzen, damit beim Nachdruck der Verweis gelöscht wird.

Druck [1] / Jahr 2015

Redaktion: imprint, Zusmarshausen
Kontakt: lernhilfen@schroedel.de
Layout: Druckreif! Sandra Grünberg, Braunschweig
Umschlaggestaltung: Janssen Kahlert Design und Kommunikation GmbH, Hannover
Umschlagfoto: Frîa Hagen
Illustrationen: Thies Schwarz, Hannover
Satz: imprint, Zusmarshausen
Druck und Bindung: westermann druck GmbH, Braunschweig
ISBN 978-3-507-23221-1

Liebe Schülerin, lieber Schüler,

du willst sicherer in der Rechtschreibung werden?
Dann ist das Trainingsbuch genau das Richtige für dich! Mithilfe der 3-Schritt-Methode kannst du hier alle Rechtschreibregeln üben, die in der 5.–10. Klasse wichtig sind.

Die 3-Schritt-Methode ist ganz einfach.

1 **Verstehen:** Lies die **Rechtschreibregel** gründlich durch und merke dir den Inhalt.

2 **Üben:** Abwechslungsreiche **Übungen** helfen, die Rechtschreibregel zu verinnerlichen.

3 **Können:** Schließlich schreibst du einen **Test oder ein Diktat**, um zu überprüfen, ob du die Regel wirklich verstanden hast.

Die Lösungen für die Übungen und Tests findest du ab Seite 164. Hier findest du auch die Auswertungen zu den einzelnen Tests und Diktaten.

Diktate, zu denen es Audio-Dateien gibt, erkennst du an dem QR-Code daneben. Scanne den Code mit einem Handy, dann gelangst du zu dem jeweiligen Diktat. Jeder Text wird dir zunächst einmal komplett vorgelesen, dann in Sinneinheiten diktiert.
Alle Audio-Diktate findest du auch noch einmal im Internet unter **www.schroedel.de/trainingsbuch**.

Und jetzt kann es auch schon losgehen.

Viel Erfolg beim Üben mit dem Trainingsbuch!
Friedel Schardt

Inhalt

1. Groß- und Kleinschreibung

2. Lange Vokale

3. Kurze Vokale

4. Gleich und ähnlich klingende Vokale

5. Ähnlich klingende Konsonanten

6. s-Laute

7. Zusammen- und Getrenntschreibung

8. Schreibung von Fremdwörtern

9. Satzzeichen

1. Groß- und Kleinschreibung

1

Was wird großgeschrieben?

Das erste Wort einer **Überschrift** wird großgeschrieben. Unabhängig davon, um welche Wortart es sich handelt, werden auch die **Anfänge von Abschnitten** großgeschrieben.

Die **Wörter nach einem Satzschlusszeichen** (Ausrufezeichen, Punkt, Fragezeichen) werden großgeschrieben.

Aber Vorsicht! Nicht alle Satzanfänge werden großgeschrieben: In Satzreihen, die **durch Kommas getrennt** oder mit **und** verbunden sind, werden die Satzanfänge nach den Kommas kleingeschrieben.

Die Sonne strahlte, das Wasser glitzerte und das Paddelboot glitt leise dahin.

Das erste Wort in einer **wörtlichen Rede** wird großgeschrieben.

Peter fragte: „Warum muss das großgeschrieben werden?"

Die größte Gruppe von Wörtern, die großgeschrieben werden, sind die **Substantive**. Auch **Namen**, zum Beispiel von Personen, gehören zu dieser Gruppe. Meist erkennt man die Substantive daran, dass sie von einem bestimmten Artikel (der, die, das) oder einem unbestimmten Artikel (ein, eine, ein) begleitet werden.

ein Berg, eine Seite, ein Blatt
der Mann, die Kirche, das Kind

Der Artikel steht aber nicht immer direkt vor dem Substantiv. Es können nähere Bestimmungen des Substantivs (meist Adjektive) dazwischengeschoben werden. Diese Adjektive selbst werden kleingeschrieben – auch wenn ein Artikel vor ihnen steht.

Man muss überprüfen, zu welchem Wort der Artikel gehört.
Falsch: der Kluge Spatz
Richtig: der kluge Spatz
Der bestimmte Artikel **der** bezieht sich auf das Wort **Spatz**.
Das Adjektiv **kluge** ist eine nähere Bestimmung des Wortes **Spatz**.

1. *Setze an den richtigen Stellen Großbuchstaben ein.*

(s)....o (w)....ar (c)....owboy (j)....im

(a)....m (b)....ahnhof (s)....teigt ein (j)....unge in die (s)....traßen-bahn. (e)....r (s)....ieht (g)....efährlich aus und (k)....nurrt den (s)....chaffner an: „(c)....owboy (j)....im zahlt (h)....eute nicht!“ (a)....m (n)....ächsten (t)....ag (w)....iederholt sich das (g)....anze. (a)....uch am dritten (t)....ag ist die (s)....zene zu (b)....eobachten. (e)....in (ä)....lterer (h)....err (r)....egt sich über das (u)....nge-wöhnliche (b)....enehmen des (j)....ungen auf. (e)....r hat das alles seit (d)....rei (t)....agen (b)....eobachtet und (f)....ragt nun den (s)....chaffner, warum er sich (d)....as von (d)....iesem (l)....ause-jungen (g)....efallen lasse. (d)....er (s)....chaffner (m)....meint (g)....rinsend: „(e)....s (g)....ibt keinen (g)....rund zur (a)....ufregung. (c)....owboy (j)....im hat eine (s)....chülermonatskarte.“

Groß- und Kleinschreibung

2. *Groß oder klein? Entscheide und trage ein.*

a) Er fragte (v)....orwurfsvoll: „(w)....arum hast du mir nicht (g)....eholfen?“

b) Willi wollte mit dem (r)....ad fahren, (s)....ein (b)....ruder wollte lieber (g)....ehen, (d)....ie (e)....ltern (m)....ussten also (e)....ntscheiden.

c) (w)....arum spielte er immer den (k)....lassenkasper?

3. *Streiche die falsch geschriebenen Wörter.*

das **Taschengeld/taschengeld**; die **eltern/Eltern**; auf eine strenge **erziehung/Erziehung wert/Wert** legen; mit dem **wenigen/Wenigen** über die **Runden/runden** kommen; die **vorteile/Vorteile** des **sparens/Sparens**

4. *Groß oder klein? Entscheide und trage ein.*

a) Das (s)....pielen im Hof ist (v)....erboten.

b) Wer das (a)....rbeiten vernachlässigt, wird am (e)....nde (p)....robleme haben.

c) Das (a)....ufstehen am frühen (m)....orgen fällt ihm (t)....ag für (t)....ag schwerer.

5. *Streiche die falsch geschriebenen Wörter.*

a) Er zog sich beim **aufwärmen/Aufwärmen** eine Zerrung zu.

b) Klaus musste **notgedrungen/Notgedrungen** aufhören.

c) Er gab der Trainerin das **versprechen/Versprechen**, bald zum Doktor zu gehen.

Test

3

Groß oder klein? Füge die fehlenden Wörter in richtiger Schreibung in den Text ein.

taschengeld – königskindern – hinten – eltern – leicht – erhöhung – eltern – strenge – erziehung – wert – wenigen – runden – not – großmutter – pfund – königliche – oma – enkel – langen – brief – prinz – brief – oma – sammler – pfund

Wenn es um das .... geht, ergeht es .... nicht viel anders als den meisten anderen Kindern. Es reicht nicht .... und nicht vorne, und die .... lassen sich nicht so .... zu einer .... überreden. Wenn dann die .... gar auf eine .... legen, so ist es fast unmöglich, mit dem .... über die .... zu kommen. In seiner .... wandte sich ein englischer Prinz an seine .... und bat sie um ein .... Die .... aber ließ sich nicht erweichen und schrieb ihrem .... nur einen .... Der .... hat den .... seiner .... an einen .... für 50 .... verkauft.

Groß- und Kleinschreibung

1

Unbestimmte Zahlwörter und Substantivierungen

Die unbestimmten Zahlwörter **viel, wenig, andere, eine, einige** werden kleingeschrieben.

Werden Adjektive oder Verben als Substantive (Substantivierungen) gebraucht, so werden sie großgeschrieben.

Adjektiv/Verb	→	als Substantiv gebraucht
schlau		**der Schlaue**
lernen		**das Lernen**

Auch die Substantivierungen kann man häufig daran erkennen, dass sie von einem bestimmten oder einem unbestimmten Artikel begleitet werden.

Tipp:
Mengenangaben können auf eine Substantivierung hinweisen.
viel Neues, manches Schlechte, etwas Falsches

2

1. *Streiche die falsch geschriebenen Wörter durch.*

das **arbeiten/Arbeiten**; nichts **Schlimmeres/schlimmeres**; viel **Jammern/jammern** und **Klagen/klagen**; zum **Spielen/spielen**; das **anfangen/Anfangen**; etwas **neues/Neues**; alles **zureden/Zureden**; mit dem **Reden/reden**; zum **Spielen/spielen**

2. *Setze die Wörter von Übung 1 hier in richtiger Schreibweise ein.*

„Das .... ist eine schöne Sache", stöhnte Mirko, „solange man dabei zusehen kann." Es gab für ihn nichts ...., als wenn er wusste, dass eine größere Arbeit auf ihn zukam. Dann gab es tagelang viel .... und .... Nicht einmal zum .... war Mirko dann mehr zu bewegen. Und dabei war er keineswegs faul. Ihm fiel einfach das .... so schwer. Seine Freunde wussten schon Bescheid, wenn sie Mirkos Miene sahen, und versuchten immer wieder etwas ...., um ihn zu trösten, aber da war alles .... umsonst. „Hört auf!“, jammerte Mirko eines Tages, „hört auf mit dem .... Geht allein zum .... Ich bin völlig fertig, denn ich muss jeden Tag drei Seiten Vokabeln wiederholen. Und das schon ab morgen.“

Test

3

Es sind alle Substantive und alle Substantivierungen kleingeschrieben. Das ist natürlich falsch. Markiere alle Substantivierungen farbig und schreibe dann den Text richtig in dein Heft.

Eine besondere gefahr für fußgänger im straßenverkehr stellt das überqueren von straßen dar. Vor allem beim fehlen von fußgängerüberwegen ist daher besondere vorsicht angebracht. Das vermeintlich langsame herannahen von fahrzeugen ist nicht selten ein irrtum. Aber auch das benutzen von eigenen fußgängerüberwegen erfordert das gewissenhafte beachten bestimmter regeln. So sollte der übergang nicht mehr betreten werden, wenn fahrzeuge schon so nahe herangekommen sind, dass ihnen ein rechtzeitiges anhalten nicht mehr möglich ist. Hat man den überweg betreten und haben die fahrzeuge angehalten, so sollte man zügig die fahrbahn überqueren und nicht durch unnötiges trödeln den verkehr aufhalten.

Groß- und Kleinschreibung

1

Personalpronomen

Die Personalpronomen werden kleingeschrieben. Nur die Höflichkeitsform Sie und die abgeleiteten Formen (Ich schreibe Ihnen. Das ist sicher Ihr Buch, Frau Erbsenstein.) schreibt man mit großem Anfangsbuchstaben.
In Briefen wird das Anredepronomen Sie immer großgeschrieben. Du kannst du in Briefen groß- oder kleinschreiben.

2

1. *Groß oder klein? Streiche die falsch geschriebenen Wörter.*

a) Die Lehrerin ist freundlich zu **Ihr/ihr**.
b) Frau Klein ist **ihre/Ihre** Lieblingslehrerin.
c) Lea mag **sie/Sie**.
d) Sie fragt: „Kannst **Du/du** mir das erklären?"
e) Lea liefert **Ihre/ihre** Sonderarbeit ab.
f) Lea betont: „Ich hab es **Ihnen/ihnen** gleich fünfmal geschrieben!"

2. *Groß oder klein?*

Lea geht schon in die fünfte Klasse. Die Lehrerin, Frau Wagner, ist freundlich zu (i)....hr. Deshalb ist Frau Wagner (i)....hre Lieblingslehrerin. Lea mag (s)....ie wirklich sehr. Deshalb kommt es bisweilen vor, dass (s)....ie einfach „(d)....u" zu ihr sagt. Die ganze Klasse lacht, wenn Lea sagt: „Frau Wagner, kannst (d)....u mir das noch mal erklären?" Frau Wagner ermahnt Lea und weist sie darauf hin, dass man Lehrerinnen und Lehrer mit „(s)....ie" anspricht.
Lea aber sagt weiterhin immer wieder „(d)....u". Jetzt soll Lea zehnmal schreiben: „Meine Lehrerin darf ich nicht mit ‚(d)....u' ansprechen. Ich muss ‚(s)....ie' sagen."

Lea liefert (i)....hre Sonderarbeit ab. „Ich hab es (i)....hnen gleich zwanzigmal geschrieben!“, betont Lea. „Warum denn das?“, fragt Frau Wagner. Lea antwortet: „Weil ich (d)....ich halt gern hab.“

3. *Markiere, wo groß geschrieben werden muss.*
Ich muss ihnen wirklich deutlich schreiben, dass ich nicht wünsche, von ihnen weiterhin Briefe zu erhalten, in denen sie sich so unangenehm über ihre Tochter äußern. Das hat sie wirklich nicht verdient.

Test

3

Korrigiere den Entschuldigungsbrief.

Sehr geehrter Herr Dr. Kurz,

da sie mich heute Morgen nicht so recht zu Wort kommen ließen, möchte ich ihnen auf diesem Wege erläutern, warum ich die Hausaufgaben in ihrem Fach nur zum Teil erledigt habe. Meine Mutter war gestern bis spät abends dienstlich unterwegs, sodass ich meine beiden kleinen Geschwister beaufsichtigen musste. Dabei war es nur schwer möglich, an den Hausaufgaben zu arbeiten. Ich hoffe, sie haben Verständnis für meine Situation.

Mit freundlichen Grüßen

Georg Hipp

Groß- und Kleinschreibung

1

Schreibung der Tageszeiten

Steht ein Artikel vor den Tageszeiten, so werden sie großgeschrieben: **der Morgen**, **der Abend.**
Das gilt auch für den Fall, dass Artikel und Präposition (an + dem → am) zusammengezogen werden: **am Morgen**; **am Abend**.
Zeitangaben, die mit -s von Tageszeiten abgeleitet werden, werden kleingeschrieben: **abends**, **mittags**, **morgens**.

2

1. *Streiche die falsch geschriebenen Wörter.*

am **Tag/tag**; ... **nachts/Nachts** schläft man; ... **Abends/abends** liest er ein Buch; in der **nacht/Nacht**; **morgens/Morgens**; am **morgen/Morgen**; **mittags/Mittags**; an manchen **tagen/Tagen**

2. *Entscheide: groß oder klein?*

Ein Mann kommt zum Arzt und klagt über Müdigkeit. Der Arzt möchte genauer wissen, wann am ....ag oder ....achts die Schlafprobleme auftreten. Der Patient erklärt: „Also ....bends schlafe ich schon früh ein. In der ....acht schlafe ich meist durch und ....orgens stehe ich erst spät auf. Eigentlich ist es da schon spät am ....orgen. Aber ....ittags, da liege ich an manchen ....agen stundenlang wach und kann nicht einschlafen."

3. *Groß oder klein?*

Karen geht (m)....orgens zur Schule. Nur (m)....orgen geht sie erst (n)....achmittags hin. Denn am (v)....ormittag muss sie noch einiges vorbereiten für das Schulfest, das (m)....ittags beginnt und bis zum (a)....bend geht.

Test

3

Der Text enthält nur Kleinbuchstaben. Korrigiere ihn.

das bedienen eines seilaufzugs will gelernt sein, das ist an sich nichts neues. das musste auch david einsehen. er sollte überzählige dachziegel aus dem zweiten stock heruntertransportieren, aber zum tragen war er zu faul. so kam er auf die idee mit dem seil, welches die maurer für das hochziehen kleinerer lasten benutzt hatten. das eine ende befestigte er an einem pflock, der in die erde gerammt war. am anderen ende hing eine kiste, die für das aufnehmen der ziegel geeignet war. nach dem beladen der kiste löste david das seil vom pflock, hielt sich am seil fest und schwebte immer schneller nach oben, von wo ihm die kiste entgegenkam. das festhalten wurde ihm nun zum verhängnis, denn die erste begegnung mit der kiste brachte ihm auch die erste beule ein. die kiste raste zu boden, zersprang beim aufschlagen und war nun leichter als david, der sich inzwischen an der eisenrolle, über die das seil lief, den kopf angeschlagen hatte. im fallen streifte david mit dem rücken die kümmerlichen reste der kiste und zog sich eine kräftige schramme zu, und das landen am boden führte zu einem beinbruch. jetzt erst ließ david das seil los. dieses loslassen aber hatte zur folge, dass die restlichen bretter mitsamt dem seil unter krachen und poltern zurückfielen und david unter sich begruben.

Groß- und Kleinschreibung

1

Substantivierungen

Substantivierungen werden großgeschrieben. Man erkennt sie daran, dass oft ein bestimmter oder unbestimmter Artikel vor ihnen steht oder vor sie gesetzt werden kann. Auch unbestimmte Zahlwörter können eine Substantivierung anzeigen.

vieles Schöne, das Herumrennen

Tipp:
In manchen Grammatiken und vielleicht auch in deinem Unterricht wird statt des Begriffs Substantivierung auch die Bezeichnung **Nominalisierung** verwendet. In der Schule meinen beide Worte dasselbe. Das trifft auch für die Bezeichnungen Nomen und Substantiv zu.

2

1. *Hier sind alle Wörter kleingeschrieben. Korrigiere die Fehler. Du musst 19 Veränderungen vornehmen.*

tims freund david war bestimmt nicht der hellste, aber wenn es um etwas praktisches ging, hatte er manchmal verblüffend einfache lösungen parat. neulich aber ging ihm das lösen eines problems doch daneben, und tim blieb nur noch ein kopfschütteln, als david am hinterrad seines fahrrads das ventil öffnete. durch das herauslassen der luft wollte er den sattel tieferlegen.

2. *Schreibe in dein Heft jedes verbesserte Wort und begründe deine Korrektur.*

Korrigiertes Wort	Begründung
Tim	Eigenname + Satzanfang
Freund	

3. *Streiche die falsch geschriebenen Wörter.*

a) Beim **streiten/Streiten** war er ...
b) ..., auch beim **Diskutieren/diskutieren** war er ...
c) Ich bringe dem Papagei das **Reden/reden** bei.
d) Wir erlebten **manches schöne/Schöne**.
e) wir verzichteten auf manches **Angenehme/angenehme** ...

4. *Formuliere den Satz von 3. c) so um, dass keine Substantivierung verwendet wird.*

....

....

Test

3

Schreibe nach Diktat.

Karlchen gewinnt eine Wette

Beim Spielen lässt es sich nicht vermeiden, dass man schmutzig wird. Beim Herumtoben im Dreck, beim Herumbalgen auf dem Bolzplatz und bei ähnlichen Beschäftigungen bleibt man eben nicht sauber. Eines Tages hatte sich Karlchen beim Fußballspielen den Knöchel verstaucht. Das Anschwellen des Fußes machte ihm einige Sorgen, darum ging er lieber gleich zum Arzt. Dessen Jugendzeit musste wohl schon weit zurückliegen, denn als Karlchen nach dem Ausziehen des Strumpfes den Fuß vorzeigte, schüttelte der Arzt den Kopf und schimpfte: „So etwas Schmutziges habe ich noch nicht gesehen. Ich wette, das ist der schmutzigste Fuß in der ganzen Stadt."
Prompt kam Karlchens Antwort: „Sie haben kein Glück beim Wetten. Sie haben verloren. Schauen sie sich erst einmal meinen anderen Fuß an!"

Groß- und Kleinschreibung

1

Zeitangaben

Zeitangaben sind meist adverbiale Bestimmungen. Sie werden durch Adverbien (gestern, heute, morgen) ausgedrückt und kleingeschrieben.
Gleiches gilt für die Angaben abends, morgens, mittags usw.
Wird **gestern**, **heute**, **morgen** mit einer Tageszeit kombiniert, so wird die Tageszeit großgeschrieben.

heute Mittag, gestern Morgen, morgen Abend

Wird die Tageszeit mit einem Wochentag kombiniert, so entsteht ein neues zusammengesetztes Wort, welches großgeschrieben wird.

am Freitagabend

Tipp:
Man schreibt klein, wenn ein s angehängt wird: montags, abends, morgens. Aber Achtung: Wenn **der Abend** im Genitiv steht, beispielsweise **des Abends Ruhe**, so bleibt die Großschreibung des Substantivs erhalten.

2

1. *Groß oder klein? – Trage das Richtige ein.*

ich gehe (a)....bends ins Bett; den ganzen (m)....orgen;

(n)....achmittags; am (a)....bend; des (a)....bends;

am nächsten (m)....orgen; gestern (a)....bend; heute (m)....orgen;

(a)....bends bin ich müde; jeden (m)....orgen; heute (a)....bend

2. *Groß oder klein? – Streiche die falsche Schreibweise.*

am **Freitag/freitag**; am frühen **morgen/Morgen**; am **abend/Abend**; in der **Nacht/nacht**; am **Morgen/morgen**; am **Vormittag/Vormittag**; … er hofft, dass er **heute/Heute** oder **morgen/Morgen** kommen kann …

3. *Groß oder klein?*

Das Rätsel der Sphinx – in aller Kürze

„Wer bin ich? Des (m)....orgens gehe ich auf vier Beinen,

(m)....ittags auf zweien und am (a)....bend benutze ich drei Beine."

4. *Streiche die falsch geschriebenen Wörter*

a) Wer am **morgen/Morgen** arbeitet, kann **abends/Abends** feiern.
b) Wir fahren **heute/Heute** oder **morgen/Morgen**.
c) Wenn wir heute **abend/Abend** fahren, haben wir **morgen/ Morgen** mehr Zeit.

Test

3

Groß oder klein? Entscheide und trage ein.

Am (f)....reitag erlebte Herr Kunz eine böse Überraschung, als er am frühen (m)....orgen sein Auto besteigen und losfahren wollte. Er hatte den Wagen am (a)....bend zuvor vorschriftsmäßig am Straßenrand geparkt, wie er das (a)....bends immer zu tun pflegte. In der (n)....acht aber mussten Unbekannte an dem Wagen gearbeitet haben, denn am (m)....orgen, als Herr Kunz das Auto bestiegen und den Motor gestartet hatte, tat sich nichts, obwohl er den Gang eingelegt und die Kupplung losgelassen hatte. Man hatte den Wagen (n)....achts auf vier Backsteinstapel aufgebockt und die Räder abmontiert.

Groß- und Kleinschreibung

1

Mit dem Artikel vereinigte Präpositionen

Oft weisen die mit einem Artikel vereinigten Präpositionen **am, im, zum, vom, beim** darauf hin, dass es sich beim Bezugswort um ein substantiviertes Verb handelt, das somit großgeschrieben wird.

Beim Essen sollte man nicht sprechen.

2

1. *Streiche die falsch geschriebenen Wörter.*

beim **Bedienen/bedienen;** nichts **neues/Neues;** zum **Tragen/tragen** war er zu faul; zum **hochziehen/Hochziehen** reichte es; beim **Aufnehmen/aufnehmen** der Steine; nach dem **Beladen/beladen;** beim **festhalten/Festhalten;** es wurde zum **Verhängnis/verhängnis**; beim **aufschlagen/Aufschlagen;** im **fallen/Fallen** drehte er sich; vom **Landen/landen** am **Boden/boden** hörte man ein **Krachen/krachen** und **poltern/Poltern**

2. *Füge ein: groß oder klein.*

Ich halte nichts vom (n)....achgeben. Er denkt immer ans (a)....rbeiten und vernachlässigt es, sich zu (e)....rholen. Wir wollen beim (s)....pielen wie beim (w)....andern (z)....usammenbleiben. Zum (n)....achdenken braucht man (r)....uhe und (z)....eit. Er dachte schon ans (a)....ufhören, da ging es für ihn erst richtig los mit dem (a)....rbeiten.

3. *Groß oder klein?*

Beim (s)....pielen kann man sich erholen. Wer beim (w)....ürfeln Glück hat, hat schnell gewonnen. Manches (f)....luchen ist vom (v)....erlierer zu hören. Auch inständiges (w)....ünschen hilft nicht gegen Würfelpech.

4. *Wieder sind falsch geschriebene Wörter zu streichen.* 2

viel **gutes/Gutes;** wenig **erfreuliches/Erfreuliches;** beim **lauten/ Lauten vorlesen/Vorlesen**; nach dem **Aufstehen/aufstehen** reichte es; beim **Radeln/radeln**

5. *Eine ganz andere Frage. Welchen Vorteil kann die Großschreinung von Substantiven und Substantivierungen haben? Recherchiere dazu im Internet.* 2

....

Test 3

Schreibe nach Diktat.

Der Klügere gibt nach

Zwei Männer, die sich eigentlich mochten, liebten es, sich zu streiten. Neben dem Streiten verband beide die Leidenschaft zum Bergsteigen(,) und sie verbrachten jeden freien Tag in den Bergen beim Wandern. So konnte es nicht ausbleiben, dass sie sich eines Tages auf einem schmalen Pfad in den Bergen begegneten. An ein Weiterkommen war nicht zu denken. Einer musste zur Seite, aber keiner konnte sich zum Ausweichen entschließen, um dem andern das Weitergehen zu ermöglichen. „Einer wird wohl ans Nachgeben denken müssen, wenn wir hier nicht festwachsen wollen", sagte der eine. Da brüllte sein Gegenüber: „Ich weiche keinem Rindvieh aus!" „Oh, ich tue das gerne", antwortete der erste und ließ dem Reden die Tat folgen. Bleibt zu fragen, ob dieses Nachgeben wirklich klug war.

Ein kluger Mann, dem man die Geschichte erzählte, machte sich seine eigenen Gedanken: „Allerdings ist ein Nachgeben für den Klügeren angebracht. Deshalb sind aber auch so viele Dumme an der Macht."

Groß- und Kleinschreibung

1

Ableitungen von Ortsnamen

Werden von Orts- oder Ländernamen Wörter mit -er abgeleitet, so werden diese großgeschrieben (**Schweiz → Schweizer Käse**). Werden Wörter auf -isch abgeleitet, so werden sie kleingeschrieben (**Pfalz → die pfälzische Bevölkerung**).

Ausnahme: Die Ableitungen gehören zu einem Namen bzw. festen Begriff: **Holstein → die Holsteinische Schweiz**; **Griechenland → Griechischer Salat**. Ist das nicht der Fall, dann schreibt man klein: **Die pfälzische** Mundart ähnelt der **hessischen**.

2

1. *Streiche die falsch geschriebenen Wörter.*

italienisches / Italienisches Lokal; **schwarzwälder / Schwarzwälder** Schinken; **pfälzischer / Pfälzischer** Spargel; **wiener / Wiener** Schnitzel; ein kleiner **griechischer / Griechischer** Salat; **spanische / Spanische** Orangen; **Schweizer / schweizer** Käse; **französischer / Französischer** Höhlenkäse; **griechischer / Griechischer** Schafskäse; **badener / Badener** Wein

Tipp:
Leider gibt es keine Regeln, wann Ableitungen mit **-isch** und wann welche mit **-er** gemacht werden. Es hat sich in vielen Fällen eine Form durchgesetzt. Manchmal sind beide Formen möglich. Im Zweifelsfall muss man im Wörterbuch nachschlagen.
italienisches Lokal (*nicht* Italiener Lokal), **Schweizer Armee** *und auch* **schweizerische Armee**

2. *Setze die richtige Schreibung ein.*

Sie zogen durch die (b)....urgundische Pforte ins obere Rheintal.

Er liebte (b)....urgunder Wein. Sie verkaufte (p)....fälzer Kartoffeln.

Er mochte den (b)....adischen Wein sehr. Die (e)....lsäßer Küche ist berühmt. Oma liebte (s)....chwarzwälder Kirschtorte.

3. *Setze ein: Groß oder klein?*

a) Er liebte (s)....panische Musik.

b) Wir wollen (h)....olländischen Käse kaufen.

c) Carla schwärmte von der (b)....erliner Luft.

Test

3

*Bilde aus den in Klammern gesetzten Wörtern eine Ableitung mit **-isch** oder **-er** und setze sie ein.*

Fabian durfte sein Menü selbst zusammenstellen. Als Vorspeise wählte er **(Schwarzwald + er)** .... Schinken mit **(Pfalz + isch)** .... Spargeln, zum Hauptgang wollte er, obwohl sein Vater protestierte, **(Wien + er)** .... Schnitzel mit Pommes frites und Ketchup. Dazu bestellte er einen kleinen **(Griechenland + isch)** .... Salat. Zu Trinken gab es Orangensaft aus frisch gepressten **(Spanien + isch)** .... Orangen. Sein Vater stellte ihm von der Käseplatte eine kleine Auswahl zusammen. Er wählte **(Schweiz + er)** .... Käse, **(Frankreich + isch)** .... Höhlenkäse sowie **(Griechenland + isch)** .... Schafskäse.

Groß- und Kleinschreibung

1

Substantivierte Adjektive

Steht vor einem Adjektiv ein unbestimmtes Mengenwort (manches, vieles, einiges, wenig, alles, nichts) so handelt es sich um ein substantivisch gebrauchtes Adjektiv, das großgeschrieben wird.

alles Gute, nichts Neues, manches Schöne

Ist das Adjektiv Bestandteil eines Eigennamens oder einer eigennamenähnlichen Wortgruppe, so wird es großgeschrieben.

der **Heilige Abend**, der **Große Bär**, der **Stille Ozean**

Großschreibung des Adjektivs in besonderen Fällen:

- Titel, Ehrenbezeichnungen, bestimmte Amts- und Funktionsbezeichnungen: der **Regierende Bürgermeister**, der **Heilige Vater**
- besondere Kalendertage: der **Erste Mai**, der **Heilige Abend**
- fachsprachliche Bezeichnungen: **Roter Milan, Schwarze Witwe, Grauer Star**

2

1. *Streiche die falsch geschriebenen Wörter.*

am Tag vor dem **heiligen/Heiligen Abend/abend**; der **erste/Erste** Bürgermeister hielt die Eröffnungsrede; ... die Nacht vor dem **Ersten/ersten Mai** ...; er war am **grünen/Grünen Star** erkrankt; er suchte im Telefonbuch die **Gelben/gelben** Seiten

2. *Groß oder klein?*

das (ü)....berraschende; alles (f)....reche; (b)....litzschnelles (r)....eagieren; viel (l)....angweiliges; auffordern zum (m)....itarbeiten; durch (d)....rohen und (e)....rmahnen; beim (t)....räumen

3. *Setze richtig ein.*

Viel (n)....eues haben wir nicht erfahren, wenngleich er manches (i)....nteressante erzählte. Einige (d)....umme wird es immer geben, die den übrigen Leuten das Leben schwer machen. Man sprach vom (s)....chwarzen Freitag in Erinnerung an jenen berühmten Tag, der einen Höhepunkt der Wirtschaftskrise darstellte.

4. *Streiche die falsch geschriebenen Wörter.* 2

nichts **gutes / Gutes**; viel **schönes / Schönes**;
einiges **richtige / Richtige**; wenig **sehenswertes / Sehenswertes**

5. *Denksport: Schreibe einen Satz mit „der große Bär" und einen mit „der Große Bär" in dein Heft.*

Test

3

Groß oder klein?

Manches (a)....lte ist verbesserungswürdig, aber auch vieles (n)....eue kann noch verbessert werden. Die Verkehrssituation vor Monis Schule wurde von Tag zu Tag gefährlicher. Als dann vier Tage vor dem (h)....eiligen Abend gleich drei Kinder angefahren wurden, entschloss man sich, ein Warnschild anzubringen. Im Auftrag des (e)....rsten Bürgermeisters, der für die Schulen zuständig war, hängten die (s)....tädtischen Bediensteten ein Schild auf, auf dem zu lesen war: „Nehmen Sie Rücksicht! Überfahren Sie nicht die Kinder!" In der Nacht vor dem (e)....rsten Mai, der sogenannten „Hexennacht", hängte Moni ein zweites Schild darunter, welches besagte: „Warten Sie lieber auf die Lehrer!"

Groß- und Kleinschreibung

1

Zusammengesetzte Wörter

Werden Wörter aus einem Adjektiv und einem Substantiv zusammengesetzt, so entscheidet die Wortart des **Grundwortes** über die Wortart des neuen Wortes. Entsprechend wird großgeschrieben, wenn das Grundwort ein Substantiv ist (**groß** + **Bauer** → **Großbauer**), oder klein, falls es ein Adjektiv ist (**Himmel** + **blau** → **himmelblau**).

abgrund I tief
Schwimm I bad
dunkel I blond
Frei I zeit

Bestimmungswort ↗ ↖ **Grundwort**

2

1. *Markiere Fehler.*

die anfangszeit; ein tonreicher und sangesfreudiger Vogel; weltabgewandt; nachtigallengleich; nachthimmel; lebenszeit; buschwerk; menschensiedlungen; kulturlose landbevölkerung; stadtbewohner;

2. *Groß oder klein? – Entscheide und füge ein.*

das (b)....auen von Nestern; ein (k)....unstfertiger (b)....aumeister; ein (k)....unstvoller (i)....rrgarten; die (h)....eimatstadt; am (f)....liehen hindern; (e)....rfindungsreich; (v)....ogelgleich; (v)....ogelmensch; (p)....feilschnell; (f)....estland; der (a)....ngstvolle (k)....lageruf; (s)....onnenstrahlen; (h)....ilflos; (h)....aushohe Wellen

3. *Groß oder klein? – Entscheide und füge ein.*

(e)....rdfarben; (f)....austdick; (w)....ildwuchs; (b)....laupause; (k)....opflos, (w)....irrkopf; (m)....ausgrau; (g)....rünschnabel; (h)....immelblau; (w)....olkenverhangen

4. *Suche dir drei Wörter aus Aufgabe 3 aus und schreibe einen Satz mit jedem dieser Wörter in dein Heft.*

5. *Erfinde fünf möglichst absurde zusammengesetzte Wörter und schreibe sie ebenfalls in dein Heft.*

Test

3

Markiere die Fehler im Text.

Dädalus galt als der Kunstfertigste Baumeister seiner Zeit. Auf Kreta hatte er dem König Minos den Kunstvollen irrgarten gebaut, den man das Labyrinth nannte. Nach beendigung der Arbeiten wollte er wieder in seine Heimatstadt Athen zurückkehren, Minos aber wollte auf sein können nicht verzichten und verwehrte ihm die Rückkehr. Dädalus aber war Erfindungsreich und konstruierte aus Vogelfedern für sich und seinen Sohn Ikarus je ein paar Flügel. Die Federn wurden mit fäden verknüpft und mit Wachs verklebt. Eines Tages legte Dädalus morgens die Flügel an, schwang sich in die Luft und schwebte Vogelgleich dahin. Sein Sohn folgte ihm. Beide waren im fliegen noch ohne übung. Dädalus ermahnte Ikarus, er sollte nicht zu hoch fliegen und der Sonne nicht zu nahe kommen, damit das Wachs nicht schmilzt. Auch zu tiefes fliegen konnte gefährlich werden, denn die meereswellen könnten seine Federn durchnässen und zu schwer machen. Dädalus flog Voraus und der Knabe folgte ihm gehorsam. Die vogelmenschen überflogen Pfeilschnell das Meer. Ikarus wurde bald übermütig, vergaß die Väterlichen Ratschläge, flog immer höher und kam der Sonne zu nah. Die Sonnenstrahlen aber ließen das Wachs schmelzen und die Kunstvollen Flügel lösten sich auf. Ikarus stürzte Hilflos ins Meer, wo ihn Haushohe Wellen verschlangen.

Groß- und Kleinschreibung

1

Schreibung von Substantiven, die Bestandteil fester Gefüge sind, und von Wortformen ohne substantivische Merkmale

Substantive, die Bestandteil fester Gefüge sind und nicht mit anderen Bestandteilen des Gefüges zusammengeschrieben werden, werden großgeschrieben: auf **Abruf**, in **Bälde**, im **Grunde**, auf **Grund** (auch: **aufgrund**), zu **Grunde** gehen (auch: **zugrunde** gehen), **von Seiten** (auch: **vonseiten**), etwas außer **Acht** lassen, in **Kauf** nehmen, **Auto** fahren, **Rad** fahren, **Maschine** schreiben, **Radio** hören, **Zeitung** lesen.

Klein schreibt man Wörter, die formgleich als Substantive vorkommen, aber selbst keine substantivischen Merkmale aufweisen. Solche Wörter werden in Verbindung mit den Verben sein, bleiben oder werden vorwiegend prädikativ gebraucht: angst, bange, feind, freund, gram, klasse, leid, pleite, recht, schuld, spitze, unrecht, weh

Mir wird angst. Uns ist angst und bange. Wir sind ihr gram. Sein Spiel ist klasse.

2

1. *Der Text enthält nur Kleinbuchstaben. Korrigiere.*

in spitzenzeiten startet und landet auf den großen flughäfen jede minute eine maschine. jedes dieser flugzeuge muss über radar und sprechfunk geleitet werden. dabei darf das einhalten bestimmter sicherheitsabstände und höhenstaffelungen nicht außer acht gelassen werden. der beruf des flugsicherungslotsen gilt als hochleistungsberuf, den im grunde nur menschen mit außergewöhnlich guter gesundheit und auch mit besonderen geistigen und psychischen fähigkeiten ausüben können. da bleibt während der arbeit keine zeit, zeitung zu lesen oder auch nur etwas radio zu hören. ununterbrochene konzentration ist grundvoraussetzung für reibungslose abläufe. auch nach der ausbildung ist der beruf geprägt vom erwerben und dem ständigen erhalten und erweitern technischer qualifikationen. im grunde muss der lotse in kauf nehmen, dass er praktisch lebenslänglich dazulernen muss.

2. *Groß oder klein?*

Er schrieb einen (k)....lasse Aufsatz. Sein Aufsatz stellte eine (k)....lasse für sich dar. Karen lernte noch (m)....aschine (s)....chreiben, obwohl es kaum noch Schreibmaschinen gibt. Er war auf (a)....bruf bereit, die Lücke zu füllen. Im (g)....runde ist das alles recht einfach. Auch wenn man die Schwierigkeiten außer (a)....cht lässt, hat er zu viele Fehler gemacht.

Tipp:
Du kannst **recht/Recht** und **unrecht/Unrecht** in Verbindung mit Verben wie „behalten", „bekommen", „geben", „haben", „tun" groß- wie kleinschreiben: Ich gebe ihm **recht/Recht**. Du tust ihm **unrecht/Unrecht**.

Test

3

Streiche die falsch geschriebenen Wörter.

Er tut mir **leid/Leid**; du bist daran **Schuld/schuld**. Ich finde das **klasse/Klasse**. Da kann einem **Angst/angst** und **Bange/bange** werden. Das kommt mir gerade **recht/Recht**. Das Unternehmen geht **in bälde/Bälde Pleite/pleite.** Das war **spitze/Spitze**, wie er auf **Abruf/abruf** die volle **Leistung/leistung** brachte. Wir sind ihm nicht **gram/Gram**, er tut uns vielmehr nur **leid/Leid.**

Groß- und Kleinschreibung

1

Adjektive, Partizipien und Pronomen, die kleingeschrieben werden, obwohl sie formale Merkmale der Substantivierung aufweisen

Adjektive, Partizipien und Pronomen, die sich auf ein vorhergehendes oder nachstehendes Substantiv beziehen, werden kleingeschrieben.

Sie war die aufmerksamste und klügste meiner Zuhörerinnen. Vor dem Haus spielten viele Kinder, einige kleine im Sandkasten, die größeren am Klettergerüst.

Pronomen, auch wenn sie als Stellvertreter von Substantiven gebraucht werden, werden kleingeschrieben.

In diesem Wald hat sich schon mancher verirrt. Ich habe mich mit diesen und jenen unterhalten. Wenn einer eine Reise tut, so kann er was erzählen.

2

1. *Streiche die falsch geschriebenen Wörter.*

a) Die **schwächste / Schwächste** und **kleinste / Kleinste** aller Fledermäuse

b) Sie versuchte **dieses / Dieses** und **Jenes / jenes.**

c) Er hat **Alles / alles** beobachtet.

2. *Schreibe den Text korrigiert in dein Heft.*

eine junge fledermaus startete zu ihrem ersten flugversuch. sie war bestimmt die schwächste und kleinste von allen fledermäusen. so geriet sie auch schnell ins trudeln, versuchte dieses und jenes und stürzte schließlich ins gras. ein wiesel hatte alles beobachtet. es kam und wollte sie verspeisen. „ich hasse dich, weil ich alle vögel hasse!", sagte das wiesel. und beinahe hätte es zugebissen und der fledermaus ein schnelles ende bereitet. die fledermaus aber besann sich nicht lange und sagte schnell: „ich bin doch eine maus!" dem wiesel war schon manches passiert, aber das noch nicht. sprachlos wandte es sich zum gehen. da kam wie auf abruf die katze, die es klasse fand, so einfach zu einer maus zu kommen. „ich bin keine maus!“ zeterte die fledermaus, „ich bin ein vogel!“ „wenn ich hunger habe, mache ich da keinen unterschied!“ sprach die katze und verspeiste die fledermaus.

Test

3

Groß oder Klein?

Die Frömmigkeit des (m)....ünchner Erzbischofs war bekannt. Nun hatte er sich aber ein großes Ziel vorgenommen: Die Leute sollten weniger fluchen. Eines Tages fuhr er mit seinem Sekretär über (l)....and, als der Motor seines Wagens anfing zu stottern. Das (a)....lles ließ (s)....chlimmes befürchten. Mit einem Stöhnen stieg der Sekretär aus, öffnete die Motorhaube, rüttelte an dem (e)....inen oder (a)....nderen, stieg wieder ein und ließ den Anlasser orgeln. Der Motor gab keinen Laut von sich. Der Sekretär erprobte nun (d)....ieses und (j)....enes. Alles war umsonst. Da wurde es dem Sekretär zu viel. „Himmelkreuz-donnerwetter, Mistkarre, verfluchte!“, fluchte er. Der Erzbischof ermahnte ihn, er solle doch das (f)....luchen lassen und es einmal mit (b)....eten versuchen.. Der Sekretär nahm den (r)....at an und sprach ein stilles Gebet, ehe er erneut probierte, das Auto zu starten. Der Motor sprang an. „Verdammt und zuge-näht!“, entschlüpfte es da dem Erzbischof, „(d)....as funktioniert wirklich!“

Groß- und Kleinschreibung

1

Zahladjektive, die kleingeschrieben werden, obwohl sie formale Merkmale der Substantivierung aufweisen

Die folgenden Zahladjektive mit allen ihren Flexionsformen werden kleingeschrieben:

viel, wenig; (der, die, das) eine, (der, die, das) andere.

Er hatte schon vieles erlebt. Er sagte nur weniges, das uns weiterhalf. Das eine aber wollte er doch betonen ...

Aber: Wenn der Schreibende zum Ausdruck bringen will, dass das Zahladjektiv substantivisch gebraucht ist, kann er es auch großschreiben.

Er wollte etwas ganz **Anderes**.

Die **Einen** sagen so, die **Anderen** sagen so.

In Diktaten sollte man von der Kleinschreibung ausgehen.

2

1. *Markiere alle Fehler in der Groß- oder Kleinschreibung.*

die schildbürger mochten eigentlich alle tiere, die einen mehr, die anderen vielleicht etwas weniger. ärger hatten sie dann aber oft mit den wühlmäusen, die ihnen manches zunichte machten, was sie im garten gesät und gepflegt hatten. so beschloss man, die wühlmäuse in fallen zu fangen. tatsächlich hatten sich dann auch einige in die fallen verlaufen. die schildbürger aber brachten es nicht übers herz, die armen tierchen zu töten. es gab da einiges, das ihnen weiterhalf. so trugen sie sie auf den benachbarten acker und ließen sie wieder laufen. das hatte nun aber nicht viel genutzt. die tierchen kehrten postwendend in die gärten der schildbürger zurück. da hatten die schildbürger eigentlich etwas ganz anderes erwartet.

2. *Groß oder klein? – Setze das Richtige ein.*

a) Auch, wenn er mir nur (w)....eniges sagte, so gab er doch (m)....anchem einen Denkanstoß.

b) Herr Krug legte auf das (e)....ine großen (w)....ert: Er bestand darauf, dass (n)....niemand fehlte.

c) Auch wenn (e)....inige noch müde waren, so waren die (m)....eisten doch begeistert bei der (s)....ache.

3. *Schlage bei www.canoo.net das Stichwort „Zahladjektiv“ nach.*

Test

3

Markiere alle Fehler in der Groß- oder Kleinschreibung.

Pythagoras war, wie heute jedermann weiß, ein großer gelehrter. Aber auch ihm fiel bei seinem Forschen und Nachdenken nicht alles in den Schoß. Es gab doch manches, das ihm schwierigkeiten machte. Er war schon tagelang am grübeln, zeichnete im sand, maß, wischte aus. es war fast zum verzweifeln. einmal hatte er das eine, einmal das andere außer acht gelassen. Im grunde aber war alles ganz einfach, und so gelang es ihm, die gesetzmäßigkeit im rechtwinkeligen dreieck zu beschreiben, ohne kompromisse in kauf nehmen zu müssen. Das quadrat über der grundlinie war genauso groß wie die summe der quadrate der beiden seitenlinien. man kann sich das erleichterte aufseufzen des großen mathematikers vorstellen, der endlich das lange gesuchte gesetz entdeckt und formuliert hatte. vor freude eilte pythagoras zum tempel, um den göttern seinen dank abzustatten. Auf dem weg erzählte er allen bekannten, die er traf, von seiner entdeckung und bat sie, an seiner freude teilzunehmen und mit ihm zum tempel zu ziehen. so kam in bälde eine kleine prozession dort an. So groß war die freude des pythagoras, dass er eine ganze hekatombe, das sind einhundert stiere, zum dank den göttern opferte. da schüttelte einer seiner mitfeiernden nachdenklich den kopf. „von nun an“, bemerkte er zu einem anderen, „werden alle ochsen zittern, wenn wieder eine neue wahrheit entdeckt wird.“

2. Lange Vokale

1

Lange Vokale ohne besondere Kennzeichnung

Die meisten lang ausgesprochenen Vokale werden **nicht** durch eine besondere Schreibung gekennzeichnet.

groß, Mut, Hut

Wenn ein Wort aus zwei Silben besteht und die erste Silbe mit einem Vokal endet, dann wird der Vokal der ersten Silbe lang gesprochen.

Monat, wenig, klagen, fragen

Tipp:
In vielen Fremdwörtern werden lange Vokale nicht gekennzeichnet.

Biber, Kilo, Ventil, Tiger, Kino, Rosine, Gardine

2

1. *Notiere die gesuchten Wörter.*

a) Das Gegenteil von „klein“ ist g................................

b) Man liest in einem B................................

c) Der Architekt zeichnet einen P................................

d) Das Jahr hat zwölf M................................

2. *Rate und schreibe richtig.*
Vielleicht schlägst du die Worte im Lexikon nach?

zerfallenes Gebäude: Ru.........................;

Blume: Pr.........................; wildes Tier: T.........................;

Tier, das Dämme baut: B.........................;

Brotaufstrich: Marme.........................; getrocknete Weintraube:

Ro.........................; Streichinstrument: Vio.........................

Test

3

Finde die passenden Wörter und trage sie ein.

Der Rattenfänger von Hameln

Die Stadt Hameln ist nicht sehr gr.................. Dennoch ist sie w........gen einer besonderen Geschichte fast in der ganzen Welt bekannt. Ob die Geschichte wirklich geschah, weiß man nicht. Auf j.................. Fall ist sie in einem B.................. aus dem 13. Jahrhundert aufgeschrieben.

Die Bürger Hamelns wollten ihre Stadt damals von Ratten und Mäusen befreien. Einem durchreisenden Rattenfänger gaben sie den Auftrag dazu. Als dieser seine Arbeit erfolgreich erl.................. hatte, verweigerten ihm die Bürger aber den Lohn. Der Rattenfänger zeigte seine W.................. nicht, griff aber auf einen grausamen Pl.................. zurück. Noch im selben M.................. ging er durch die Str.................. und spielte auf seiner Fl.................. Alle Kinder der Stadt wurden von dem T.................. der Fl.................. angez.................. und folgten dem Rattenfänger durch das T.................. der Stadtmauer. Niemand hat die Kinder j.................. wieder gesehen.

Lange Vokale

1

Längenkennzeichnung durch Doppelvokale

Nur ausnahmsweise werden die lang gesprochenen Vokale a, e, o als **Doppelvokal** geschrieben.
Diese Wörter musst du dir merken.

2

1. *Hier hast du eine Liste von Wörtern mit Doppelvokalen. Füge in die folgenden Sätze die passenden Wörter ein.*

Aal – Boot – Fee – Haar – Idee – Kaffee – leer – Meer – Reederei – See – Tee

Tipp:
Manche Fremdworte gibt es in mehreren Schreibweisen.
Varietee/Varieté, Frisör/Friseur, Geograf/Geograph

a) Sie ruderten in einem kleinen .... auf den ...., um .... zu fangen.

b) Er goss heißen .... in die .... Tasse. Lieber hätte er .... getrunken, aber niemand war auf die .... gekommen, welchen zu besorgen.

c) Die gute .... trug langes, blondes ....

d) Die Schiffe der berühmten .... befuhren alle .... der Welt.

Tipp:
Wenn du dir bei der Schreibung eines lang gesprochenen Vokals unsicher bist und es sich bei dem Wort auch nicht um eines der Merkwörter handelt, schreibst du den Vokal am besten als einfachen Vokal. Also ohne Dehnungs-h und nicht als Doppelvokal.

2. *Suche passende Reimwörter.* 2

Schnee – S...

Not – B...

3. *Streiche die falsch geschriebenen Wörter.* 2

Gras / Graas; Stahl / Staal; Staht / Staat; Mohr / Moor / Mor; Waage / Wage; Wooge / Woge

4. *Es gibt Worte mit Doppel-u und Doppel-i (Skiindustrie, zuungunsten). Der jeweils zweite Vokal dient dabei nicht der Kennzeichnung der Länge. Warum?*

....

....

Test

3

Setze die richtigen Vokale ein.

Heute habe ich mit Papa die neuen B(e)........te einges(ä)........t. Eigentlich hat er ja zuerst den wilden Kl(e)........ und das ganze Unkraut gej(ä)........tet, dann wurde alles umgegraben und glatt gerecht. Zum Schluss erst kamen die S(a)........tkörner in kleine Rillen und wurden leicht mit Erde bedeckt. Bevor wir nach Hause gingen, hat Papa noch das M(o)........s vom Gartenweg entfernt. Sch(a)........de, der Weg sieht jetzt richtig l(e)........r aus.

Lange Vokale

1

Langes i als ie geschrieben

Ein lang ausgesprochenes **i** schreibt man in den meisten Wörtern mit **ie** (**Dehnungs-e**). Diese Regel gilt nicht für Fremdwörter!

2

1. *Suche die Reimwörter zusammen, schreibe sie geordnet in dein Heft.*

gießt, schief, viel, schießt, lief, Ziel, ließ, Kies, fliehen, ziehen, fließt, Kiel, Brief, schließt, Kies

Tipp:
Starke Verben verändern im **Präteritum** den **Stammvokal**.
Tritt dann ein langes **i** auf, schreibt man **ie**.

2. *Bilde das Präteritum.*

a) ich schlafe → ich ....

b) ich rufe → ich ....

c) ich laufe → ich ....

d) ich rate → ich ....

3. *Füge den richtigen i-Laut ein.*

a) Er schl....f so t....f, dass es ihm nicht auff....l, dass das Wasser immer höher st....g.

b) Die K....nder l....fen über die sch....fe Rutschbahn und f....len auch prompt hin.

c) Die T....ger brüllten laut und warteten g....rig auf das Futter.

4. *Streiche die falsch geschriebenen Wörter.*

2

wiegen / wihgen / wigen; wihern / wiehern; siegen / sigen / siehgen; Liege / Lihge / Lige; Liga / Ligha / Liega

5. *Ergänze die i-Laute.*

a) Im Kr....g mussten v....le Menschen fl....hen.

b) Die Vernunft hat ges....gt, und die Menschen können in Fr....den leben.

c) Immer w....der gab es W....derspruch.

Test

3

Füge den richtigen i-Laut ein.

Philipp hat morgens ....mmer Schw....rigkeiten. Wenn um s....ben der Wecker kl....ngelt, fällt es ihm schwer, die Augen zu öffnen. Wenn seine Mutter dann den Rollladen hochz....ht, s....ht er nur noch rot. Er schlurft z....mlich mürrisch und mit geschlossenen Augen ins Badez....mmer, r....sk....rt ein Auge für den Sp....gel, schl....ßt es aber schnell w....der, so mühsam ist es für ihn, die L....der offen zu halten. So trifft ihn eines Tages seine Mutter vor dem Sp....gel und fragt, warum er die Augen geschlossen halte. „Ich will nur mal sehen, wie ich aussehe wenn ich schlafe", war Philipps erstaunlich wache Antwort.

Lange Vokale

1

Wörter mit einem Dehnungs-h

Folgt einem betonten langen Vokal direkt ein unbetonter kurzer Vokal, so steht dazwischen ein **h**.

Höhe, Flöhe

In den meisten Fällen stimmt die einfachere Regel: In zweisilbigen Wörtern, bei denen die zweite Silbe mit einem e beginnt, wird der lange Vokal der ersten Silbe durch ein **h** verlängert.

gehen, stehen

Das **h** bleibt auch in einsilbigen Wörtern, die mit den zweisilbigen verwandt sind, stehen.

Steh! Geh!

2

1. *Ergänze die Vokale (und, wo notwendig, das Dehnungs-h).*

Alle Turm......ren gehen eine Stunde vor

Es gibt eine Stadt, da gehen alle ......ren eine Stunde vor. Soll ich euch erz......len, wie es dazu k......m? Einmal wurde die Stadt von gef......rlichen Feinden bel......gert. Verschiedene H......re hatten sich zusammengetan und wollten die Stadt erobern. Für den Angriff vereinb......rte man eine bestimmte ......rzeit. Um ein ......r in der Nacht sollten alle Kanonenr......re abgefeuert werden. Ein kluger ......rmacher vern......m diesen Plan, denn ein Reisender hat ihm davon erz......lt. Sofort erkannte er die Gef......r. Um die Stadt und ihre Bew......ner zu retten, dr......te er die Zeiger aller Turm......ren um eine Stunde nach vorn. W......rend die Feinde auf den ersten ......renschlag nach Mitternacht warteten, schl......gen alle ......ren zweimal. Die Feinde trauten ihren ......ren nicht, waren sehr verwirrt und l ......ßen von ihrem Plan ab.

Tipp:
Wenn du dir bei der Schreibung eines lang gesprochenen Vokals unsicher bist und es sich bei dem Wort auch nicht um eines der Merkwörter handelt, schreibst du den Vokal am besten als einfachen Vokal. Also ohne Dehnungs-h und nicht als Doppelvokal.

2. *Lange Vokale: Füge die richtigen ein.*

a) Er stellte kl....ge Fr....gen.

b) Er w....gte es nicht, so bald nach Hause zu gehen.

c) N....mand w....rte sich gegen das L....rmen der v....len Sch....ler.

d) Die S....ne der jungen V....ter w....chsen heran.

Test

3

Ergänze die langen Vokale.

W......rend der Wind w......te, bl......te sich das S......gel auf. Auf dem S...... waren nur leichte Wellen zu sehen. Jörg l......nte sich über die B......rdwand und l......ß seine Hand ins Wasser sinken. Wesw......gen wollte er eigentlich weg von h......r? Die Br......se wurde etwas stärker und das B......t n......m F......rt auf. Fast geräuschl......s glitt es jetzt durchs Wasser. Bald aber l......ß der Wind w......der nach, es wurde k......l und Jörg dr......hte um. Er wollte noch am St......g sein, ehe die Flaute alles stilll......gte.

Lange Vokale

1

Lange Vokale ohne eigene Kennzeichnung und Kennzeichnung der Länge durch Doppelvokale

Siehe die Regel auf Seite 36.
Auch lang gesprochene Umlaute (also **ä**, **ö**, **ü**) werden normalerweise nicht besonders gekennzeichnet.

Siehe auch die Regel auf Seite 38.
Ergänzend kann gesagt werden:
Auch einige Fremdwörter, die ins Deutsche übernommen wurden, kennzeichnen die Vokallänge durch einen Doppelvokal.

Idee, Varietee (aber auch: Varieté), Klischee, Kaffee

Diese Wörter solltest du dir ebenfalls merken.

2

1. *Wo wird die Länge gekennzeichnet, wo nicht? Ergänze.*

Er hatte keine andere W........l. Der W........ lebt im M........r.

Kaff........ wird gem........len. Maria m........lt ein Bild.

Er schreibt einen guten St......... Der Besenst........l war gebrochen.

Sein Augenl........ brannte. Die Kinder sangen ein L........d.

Er verzog keine M........ne. Im Kuli fehlt die M........ne.

Im Saal herrscht eine gähnende L........re. Das war ihm eine L........re.

Trotz aller Rechtschreibregeln: Herr Meier besteht darauf, er sei ein Leerer. (Schließlich leert er die Mülltonnen!)

2. *Suche im Lexikon (oder mit einer Recherche im Internet) mindestens drei Fremdwörter mit Doppelvokal* ***ee*** *(die drei Wörter, die schon in der Regel genannt werden, „gelten“ nicht).*

....

....

3. *Füge die richtigen Vokale ein.*

a) Durch die T(ä)........ler w(e)........te ein k(ü)........ler Wind.

b) Die R(ä)........der der S(ä)........gem(ü)........le dr(e)........ten sich langs(a)........m.

Test

3

Im Text fehlen die langen Vokale. Setze richtig ein.

Aberglaube

V........le Menschen sind ein wenig abergläubisch. Sicherlich denken sie nicht wirklich, dass man ihre Zukunft aus dem Kaff........satz l........sen kann. St........tsmänner, die das Geschick ihrer Reg........rung an der Flugb........n eines Sp........res oder den Wellenbewegungen eines S........s ablesen wollen, k........men uns heute s........r seltsam vor.

Dennoch gibt es auch in unserem Alltag immer w........der Momente, in denen wir uns sich nicht bl........ß an unserem Verstand orient........ren und dem Klisch........ gerecht werden. Mancher trocknet in einem seiner Bücher ein v........rblättriges Kl........blatt. V........le Hotels verzichten auf die Zimmernummer 13, weil ihre Gäste damit häufig Unglück verbinden. Manche schl........ßen auch aus ihrem Sternzeichen auf den Charakter. Ob die Menschen des Sternbildes W........ge aber wirklich sehr ausgew........gen und ausgeglichen sind, steht w........rklich in den Sternen.

Lange Vokale

1

Langes i und Vokaldehnung durch h

Siehe die Regel Seite 42.

Nur bei wenigen Ausnahmen schreibt man das lang ausgesprochene **i** als einfaches **i**.

Folgt einem betonten langen Vokal direkt ein unbetonter kurzer Vokal, so steht dazwischen ein **h**.
Das **h** bleibt auch in einsilbigen Wörtern, die mit den zweisilbigen verwandt sind, stehen.

Frühe, früh

Ausnahmen musst du dir merken.

2

1. *Ergänze zu sinnvollen Wörtern.*

brik – zin – tiz – tik – sik – fie – sie – die – nieren – tiv – rie – bil – pier – tiv – ieren – gie – tit

Mu ...., Poli ...., Appe ....,

Fa ...., Medi ...., No ....,

Fanta ...., Melo ...., Ener ....,

Fotogra ...., impo ...., Pa ....,

Lotte ...., reag ...., ak ....,

la ...., Sta ....

2. *Bilde zu den folgenden Infintiven die 3. Pers. Sg. Indikativ Präteritum.*

wehen: Der Wind ....wehte..........

sehen: Sie .... das Bild nicht.

fliehen: Er .... schon bald.

blühen: Die Blume .... wunderschön.

glühen: Das Feuer .... im Herd.

Test

3

Setze richtig ein.

Wenn überfüllte Str........ßen und Sandstrände die Urlaubsstimmung schnell zu zerst........ren dr........en, garant........rt ein Wander........rlaub Erh........lung. Man sollte mit der Wanderung in der Fr........e beginnen. Feste Sch........e, Getränke und die Utensilien für ein zweites Fr........stück sollten nicht f........len. Beginnt man die Bergwanderung im T........l, wird man den Gipfel w........rend des ganzen T........ges vor sich s........en. Auch wenn das Ziel oft n........ scheint, müssen noch v........le Strap........zen überwunden werden. Noch wandert man über breite W........ge, vorbei an Hütten und W........sen. Erst allm........lich wird der Anst........g beschw........rlicher. Man kommt dem Z........l nur noch in kleinen Schritten näher. Eine erste Bel........nung aber erf........rt man bereits beim zweiten Fr........stück hoch über dem T........l. Man sp........rt die R........e des Berges, die ab und zu von einer kleinen Windb........ unterbrochen wird. Schon merkt man, dass sich die M........en l........nen. Doch das Erreichen des Gipfels b........tet noch eine Steigerung. Ist man erst hier ....ben angelangt, kann man sich in alle Richtungen dr........en und ins T........l s........en. Man wird ein überwältigendes Gef........l sp........ren, das man in einem Badeurlaub so kaum erf........ren wird.

Lange Vokale

1

**Wörter mit langem Vokal:
gleich gesprochen – verschieden geschrieben**

Es gibt einige Wörter, die völlig gleich klingen, aber je nach Verwendung eine unterschiedliche Bedeutung haben.
Über die unterschiedliche Schreibung macht man diesen Bedeutungsunterschied deutlich.

2

1. *Finde (und schreibe) die richtigen Wörter.*

.... Augendeckel	.... gesungenes Stück
.... charakteristische Erscheinungsform	.... Stock am Besen
.... Inneres des Kugelschreibers	.... Gesichtsausdruck
.... Auerochse	.... Zeitmesser
.... Meeressäuger	.... Aus mehreren Möglichkeiten eine bestimmen
.... Begrenzungen eines Zimmers (Plur.)	.... Umkehr
.... Familienname	.... Postsendung, die bei Empfang bezahlt werden muss
.... sehr sauber	.... Rand eines Feldes/Ackers

…………………………………	…………………………………
dünner Stock zur Züchtigung	Weg zum Ziel
…………………………………	…………………………………
Körper	ganzes Brot
…………………………………	…………………………………
stark salzhaltige Flüssigkeit	Unterteil des Schuhs
…………………………………	…………………………………
ein Bild herstellen	Weizen zu Mehl zerkleinern
…………………………………	…………………………………
Fahrzeug	Gerät zum Wiegen (Plural)

Test

3

Schreibe nach Diktat.

Das Testament eines klugen Vaters

Mit ernster Miene muss man manchmal verfolgen, wie wegen eines Erbes gestritten wird. Ein reicher Mann, sein Name tut nichts zur Sache, wollte seinen Söhnen das ersparen. Sie sollten weiterhin friedlich miteinander leben. Als er fühlte, dass sein Ende nahte, dachte er nach, wie er sein Hab und Gut gerecht verteilen könnte, und er kam auf folgende Idee:

Er ließ den Notar holen und diktierte ihm sein Testament. Seine Verfügung lautete folgendermaßen: Der ältere Sohn soll den gesamten Besitz in zwei gleiche Teile teilen. Der jüngere Sohn darf dann wählen und den Teil nehmen, den er begehrt. Nach dem Tod des Vaters erfuhren die Söhne, wie der Vater hinsichtlich des Erbes entschieden hatte. Sie respektierten seinen Willen und hielten sich an seine Verfügung. Wie man hört, lebten die beiden weiterhin in Frieden und kamen gut miteinander aus. Ja, man hörte sie oft bei einem gemeinsamen Lied.

Lange Vokale

1

Lange Vokale ohne besondere Kennzeichnung

Siehe die Regeln Seite 36 und Seite 44.

2

1. *Ergänze die langen Vokale.*
Beachte dabei, dass manchmal Dehnungskennzeichen nötig sind.

Backe, backe Kuchen

Gestern waren wir zu einem besonderen Festm........l eingel........den. Meine kleine Schwester hatte n........mlich eine wunderb........re Id......... Sie bereitete ein Festm........l aus versch........denen Dingen, die sie im Garten vorgefunden hat. Als Vorspeise gab es frische Pflaumen. Das ging ja noch. Der Hauptgang bestand aus diversen Unkrautsorten. Kl........ war dabei. Ich erkannte auch L........wenz........n und manche Gr........ser. Um ein H........r hätte meine Mutter das Distelgem........se wirklich prob........rt. Ich h........lt mich s........r zurück und wartete auf den Kaff......... Der wurde n........mlich von meiner Mutter serv........rt und entpuppte sich ebenfalls als eine Fälschung. Es war eigentlich Kakao. Meine kleine schwester l........ß es sich aber nicht n........men, frischen Sandkuchen dazu anzub........ten.

2. *Ergänze.*

a) Haar → das H........rchen
b) Paar → das P........rchen
c) Saal → die S........le
d) Boot → das B........tchen

3. *Füge ein.*

a) Er brauchte eine W(a)........ge, denn er wollte etwas w(i)........gen.

b) In der S(a)........ge spielt eine F(e)........ eine gr(o)........ße Rolle.

c) Lea l(i)........h sich ein S(e)........gelb(o)........t.

d) Am (U)........fer des S(e)........s war feiner K(i)........s aufgeschüttel.

Test

3

Ergänze die langen Vokale.

Geschichte einer Reederei

Die Hapag Lloyd AG ist eine traditionsreiche L......nienr......derei in Hamburg. Sie ging aus einer Fusi......n der „Hamburg-Amerikanischen-Packetfahrt-Actiengesellschaft“ und der R......derei „Norddeutscher Lloyd“ hervor. Vor allem der N......me der alten Hamburg-Amerika L......nie gibt dabei Aufschluss über die fr......en Tätigkeiten der Untern......men, die bereits vor dem J......r 1900 Überf......rten von Hamburg nach Amerika durchf......rten. Manche Schiffe waren dabei äußerst luxuri......s. Sie b......ten für die Passag......re der ersten Klasse sogar Tanzs......le. Neben den Reisenden transport......rten die r......sigen B......te vor allem Emigranten. W......rend des ersten Weltkr......gs verpflichtete der St......t die R......dereien zum Bau von Kriegsschiffen. Die Schiffe, die den Kr......gseinsatz überstanden, wurden nach dem Kr......g beschlagn......mt.

Lange Vokale

1

Das Dehnungs-h kann einen langen Vokal anzeigen

Siehe die Regeln Seite 42 und Seite 46.

2

1. *Füge die richtigen Vokale ein und suche weitere Reimwörter.*

gewöhnen, st........nen, fr........nen, sch........nen

....

belohnen, w........nen, sch........nen, kl........nen, thr........nen,

....

Ohr, R........, fr........r, Ch........r, Chl........r,

....

gewähren, entb........ren, beschw........ren, beg........ren,

....

2. *Ergänze die langen Vokale.*

Er f........r sich mit den Fingern durch die H........re, s........ kurz zur B........ne hoch und fing allm........lich an, zu begreifen. Das war w........l alles nur Theater, was sich da auch zwischen den St........l-reihen absp........lte. Die vermeintlichen Zuschauer waren Schau-sp........ler, die ihre Rollen sp........lten, m........r nicht. Da f........rte einer im HIntergrund verdammt gut Reg........ . Und er musste w........l oder ....bel gute M........ne zum bösen Sp........l machen. Und das an seinem Geburtstag! So also s........ die Überraschung aus, die man ....m „angedr........t" hatte. Eines musste er aber doch zu-geben: Die Id........ war gut, sogar s........r gut.

Test

3

Schreibe nach Diktat.

Wie arbeitet ein Schlaflabor?

Seit den 1970er-Jahren behandeln zahlreiche Krankenhäuser ihre Patienten in einem sogenannten (auch: so genannten) Schlaflabor. Derzeit arbeiten in Deutschland rund 300 Krankenhäuser mit dieser besonderen Therapieform. Symptome, die das Aufsuchen eines Schlafspezialisten nötig machen und eine Aufnahme in ein Schlaflabor mit sich bringen können, sind verschiedene Arten von Schlafstörungen. So gibt es zum Beispiel Menschen, deren nächtlicher Schlaf nicht tief und intensiv genug ist, sodass (auch: so dass) sie tagsüber unausgeglichen und müde wirken. Auch Menschen, die im Schlaf umher wandeln oder sonstige ungewöhnlichen Bewegungen vollziehen, werden in ein Schlaflabor eingewiesen. „Oft werden solche Menschen in einem Schlaflabor untersucht“, informiert der Leiter eines großen Schlaflabors, „bei denen eine Behandlung mit herkömmlichen Schlafhilfen oder Medikamenten ohne Erfolg verlief. Viele unsere Patienten leiden seit mehreren Jahren. Sie haben die unterschiedlichsten Ratschläge befolgt und eine Reihe von Experten aufgesucht. Viele sind verzweifelt, weil der fehlende Schlaf ihr Leben sehr beeinträchtigt.“ Wesentlicher Bestandteil der Arbeit in einem Schlaflabor ist die gründliche Beobachtung der Patienten während des Schlafens. In manchen Fällen werden auch ihre Gehirnströme oder ihr Herzrhythmus überwacht. Die gründliche Auswertung der getätigten Beobachtungen und der ermittelten Daten erlaubt schließlich eine exakte Problemdiagnose.

3. Kurze Vokale

1

Konsonantenhäufung

Folgen auf einen Vokal zwei oder mehrere Konsonanten, so wird der Vokal meist kurz gesprochen.

kurz, lang, gestern

Oft wird der Konsonant, der auf einen kurzen Vokal folgt, verdoppelt.

rattern, Bett, knarren, rennen

z und k werden nicht verdoppelt. Statt einer Verdoppelung schreibt man:

z → tz: **Platz, putzen, Schnitzel**
k → ck: **packen, Ecke, Decke, dick.**

Vorsicht: Nach den Konsonaten r, l, n schreibt man einfaches z.

Herz, Kanzel, Kranz, walzen

2

1. *Streiche die falsch geschriebenen Wörter.*

flitzen/flizzen; retten/reten; wetten/weten; Ebbe/Ebe; Kontakt/Kontackt; Lektüre/Lecktüre; Koffer/Kofer; knabbern/knabern; Dokument/Dockument; trefen/treffen; belen/bellen; Grille/Grile; ganz/gantz; kurz/kurtz; flitzen/flizen, Blitz/Bliz; wizig/witzig, Flekk/Flek/Fleck

2. *Errate die gesuchten Wörter.*

a) Das Gegenteil von „dick“ ist d.........................

b) Man liegt in einem B.........................

c) Der Bauer pflügt den A.........................

d) Er ist ganz schnell ger.........................

e) Auf dem Kopf trägt er eine K.........................

3. *Ein Konsonant oder zwei? **z** oder **tz**? Füge ein.*

schwa(z)....en; bre(n)....en; er so(n)....te sich; fli(z)....en;

schmel(z)....en; Wan(z)....e, Ker(z)....e, he(z)....en, hei(z)....en;

wo(l)....en

Test

3

Schreibe nach Diktat.

Timos neuer Hund

Zum Geburtstag hatte Timo ein ganz tolles Geschenk bekommen, einen kleinen, schwarzen Hund mit einem weißen V auf der Brust. So ganz klein war der Hund allerdings nicht mehr. Wenn man sich seine großen Füße ansah, konnte man sich vorstellen, dass er noch um einiges wachsen und zu einem stattlichen Hund werden würde. Timo hatte ihm den Namen „Max“ gegeben. Beide tollten den Tag im Garten herum.
Am späten Nachmittag aber mussten sie ins Haus, da Timo noch Hausaufgaben zu erledigen hatte. Während Timo schrieb, war Max auf dem Teppich vor Timos Stuhl eingeschlummert.
Timo war schon fast fertig, da wurde auch ihm der Kopf schwer.
Er sah zu Max und schlief über seinem Heft ein.
Bald aber weckte ihn ein Schnuffeln wieder auf. Max stand mit den Vorderpfoten auf der Schreibtischplatte und interessierte sich sehr für Timos Heft. Mit seiner nassen Schnauze hatte er schon geblättert, ein Blatt war dabei eingerissen, ein zweites zerknittert worden und auf dem Umschlag glänzte ein feuchter Fleck. Timo schimpfte, denn jetzt konnte er noch einmal von vorne beginnen. Aber seiner Mama wollte er nichts von dem Unglück erzählen, denn sonst hätte Max wohl nicht mehr in Timos Zimmer gedurft.

Kurze Vokale

1

Konsonantenhäufung und Konsonantenverdoppelung

Die Kürze eines Vokals wird oft dadurch signalisiert, dass der folgende Konsonant verdoppelt wird. Siehe auch Seite 54.

Tipp:
Hörst du nach einem kurzen und betonten Vokal nur einen Konsonanten, verdopple ihn. Sprichst du nun das Wort in Silben, dann hörst du die zwei Konsonanten.

rennen → ren-nen; knarren → knar-ren

Einsilbige Wörter musst du verlängern, um bei zwei Silben den zweiten Konsonanten zu hören.

Schuss → Schüs-se; Irrtum → ir-ren; starr → Star-re

Gibt es bei gebeugten Verbformen Probleme, so bilde den Infinitiv.

es brannte → brennen

2

1. *Entscheide, ob einfacher oder doppelter Konsonant.*

Peter Wa(f)..........elbä(k)..........er tro(t)..........et mit hängendem Kopf zu seiner Mu(t)..........er, welche mit einer Ha(k)..........e im Garten beim Bu(d)..........eln ist. „Schön, dass du mir helfen wi(l)..........st!“, begrüßt sie ihn. „Ko(m).........., zieh deine Ja(k)..........e aus und fü(l)..........e bi(t)..........e die Erde an, während ich den Baumsta(m).......... halte. So geht das schne(l)..........er mit dem Bäumepflan(z)..........en!“ „Eigentlich wollte ich ja mit dir reden!“, bru(m)..........elt Peter. „Was hast du denn auf dem Her(z)..........en?“, fragt ihn seine Mutter. „Ach“, erwidert Peter, „ich will nicht mehr zur Schule. Die du(m)..........en Mädels lachen mich nur aus, die Jungs sind nicht viel besser, die Lehrer me(k)..........ern mich an und machen sich hinter meinem Rü(k)..........en noch über mich lustig. Heute kam es ganz schli(m).......... . Da hat selbst die Schulsekretärin auf mir rumgeha(k)..........t." Peter schlu(k)..........t und kann die Tränen kaum unterdrü(k)..........en. „Ist es wirklich so schli(m)..........?", fragt die Mutter. „Noch viel schli(m)..........er!" seufzt Peter. „Ich werde ab sofort alles schwän(z)..........en." „Das ka(n)..........st du nicht!" antwortet seine Mutter. „Du mu(s)..........t hin. Schließlich bist du der Dire(k)..........tor!"

Test

3

Ergänze die fehlenden Konsonanten.

Lehrer lieben es bi..........weilen, ihre Schüler mit Spo.......... zu überschü..........en, sie etwas ironisch anzugehen und i..........er wieder auch wenigstens indire..........t zu beschimpfen. So hatte neulich ein Lehrer einen Schüler wi..........en la..........en: „Einer von uns beiden mu.......... wohl ein Vo..........tro..........el sein!" Der Schüler ko..........te das so nicht auf sich si..........en la..........en. Am nächsten Tag überreichte er seinem Lehrer einen Ze..........el, der vom Rezeptblo.......... eines Ar..........tes sta..........te. Auf die Frage, was das sein so..........e, antwortete er: „Das ist ein A..........est vom Schular..........t. Es bestätigt mir, dass ich vö..........ig normal bin. Nun mü..........en Sie den Vo..........tro..........el irgendwo anders suchen."

Kurze Vokale

1

Kurze Vokale in Fremdwörtern

Kurze Vokale in Fremdwörtern bereiten meist Schwierigkeiten. Da diese Wörter nicht nur aus einer Sprache übernommen wurden, lässt sich keine Regel formulieren, die für alle Worte gelten kann. Am besten prägst du dir die häufigsten Wörter ein und schlägst den Rest im Wörterbuch nach.

Besonders schwierig wird es mit dem z. In einigen Fremd- bzw. Lehnwörtern schreibt man nach kurzem Vokal einfaches z:

spazieren, tapezieren.

Auch die Endsilben -anz **(Eleganz, Distanz)** sowie -enz **(Intelligenz, Konkurrenz)** werden mit einfachem z geschrieben. Dagegen schreibt man mit zz:

Pizza, Skizze, Razzia, Intermezzo.

Bei einigen Wörtern wird der k-Laut nach kurzem Vokal nicht ck geschrieben, sondern kk:

Mokka, Akkord, Sakko, Makkaroni.

2

1. *Streiche die falsch geschriebenen Wörter.*

Konkurrenz / Konkurenz; **Spageti / Spaghetti**; **Makaroni / Makkaroni**; **Pitza / Pizza**; **Döhner / Döner**; **Kottlet / Kotelett**; **Boullette / Boulette**; **Frikadele / Frikadelle**; **Mafins / Muffins**; **Vanilesoße / Vanillesoße**; **Eisproduzent / Eisproduzend**; **Hitlisste / Hitliste**

2

2. ***k, kk** oder **ck** – **z, zz** oder **tz**?*

a) In der Fabri.... wird Scho....olade und Ka....ao produ....iert.

b) Fabio arbeitete im A....ord, seine Schwester spielte A....ordeon.

c) Jane konnte wählen zwischen Pi....a, Ma....aroni und Eiern mit Spe.....

Test

3

Schreibe nach Diktat.

Regenbogen

Beim Spaziergang wurde ich gestern von einem heftigen Gewitter überrascht. Ich konnte mich vor den heftigen Regengüssen gerade noch in Sicherheit bringen und fand Schutz in einer kleinen Hütte. Bald war das Unwetter vorüber und ich trat wieder ins Freie. Gerade noch gab es Blitz und Donner, schwarze Wolken bedeckten den Himmel und Regen prasselte auf die Erde. Plötzlich riss die Wolkendecke etwas auf, erste Sonnenstrahlen blinzelten durch das Wolkenloch und schnell breitete sich die Sonne aus, obwohl immer noch Regen niederprasselte. Die blinzelnde Sonne blendete mich ein wenig und so drehte ich mich um. Er zeigte sich am Horizont ein wunderschöner Regenbogen.

Ich erinnerte mich an den Physikunterricht. Dort hatte man uns in der Optik beigebracht, dass ein Regenbogen entsteht, wenn Sonnenlicht beim Eintritt in einen Stoff mit anderer Dichte gebrochen wird. Diesen Effekt kann man gut an einem Prisma beobachten, durch das man einen weißen Lichtstrahl schickt. Im Prisma wird das weiße Licht in seine einzelnen Farben zerlegt, die verschiedene Wellenlängen haben. Ähnliches ist der Fall beim Regenbogen in der Natur: Durch die vielen Wassertröpfchen, die in der Luft herumschwirren, wird das Sonnenlicht gebrochen, und wir sehen einen Regenbogen, allerdings nur, wenn wir die Sonne im Rücken haben und sie im richtigen Winkel steht.

Kurze Vokale

1

Kurze Vokale bei Fremd- und Fachwörtern

Kurze Vokale in Fremdwörtern bereiten meist Schwierigkeiten. Da diese Wörter nicht nur aus einer Sprache übernommen wurden, lässt sich keine Regel formulieren, die für alle Worte gelten kann. Am besten prägst du dir die häufigsten Wörter ein und schlägst den Rest im Wörterbuch nach.
Besonders schwierig wird es bei Wörtern, deren Lautung erheblich von dem abweicht, was die Buchstaben „sagen“.
Man spricht Ketschapp und schreibt Ketchup (auch: Ketschup).
Da orientiert man sich, sofern man das kann, an der Herkunftssprache, denn bei solchen Übernahmen gelten oft die Laut- und Schreibregeln der Herkunftssprache.

Tipp:
Schwierigere Wörter, die du dir einprägen solltest: **Pilot, Düsenjet, Kollision, Cockpit, Apparat, simulieren, Konsistenz, spezialisiert, Spezialchip, Chip, speziell, akquirieren, Präsentation, Konferenzraum, potenziell (auch: potentiell), Prinzip.**

2

1. *Fremdwörter mit und ohne Doppelkonsonant.*
Wenn du dir nicht sicher bist, schlage im Wörterbuch nach.

a) Der Kirchenraum hatte eine ganz chara(k)........teristische A(k)........usti(k)......... Ein kräftiger Orgela(k)........ord hallt mehrere Se(k)........unden nach.

b) Das A(l)........uminiumgehäuse macht den A(p)........a(r)........at leicht und gleichzeitig bruchsicher.

c) In der He(k)........ti(k)........ des Spiels entlädt sich manche A(g)........re(s)........ion.

d) Eine gelungene I(l)........ustration machte seine A(n)........once noch a(t)........raktiver.

2. *Errate die gesuchten Begriffe.*

a) Gesichtsausdruck: M.........................

b) Gebärden: G.........................

c) Veranda, Freisitz: T.........................

d) Pilotenkanzel: C.........................

e) anbieten, vorstellen: p.........................

f) Zusammenstoß: K.........................

Test

3

Setze richtig ein.

Keine Spur von Ka(m)........eradschaft

Das war eigentlich ganz ra(f)........iniert von Carsten eingefädelt. Of(f)........izie(l)........ war er nur als Reservespieler der Ho(k)........eymannschaft vorgesehen, der im Notfa(l)........ eingese(z)........t werden konnte. Nun kam Florian nicht zur Abfahrt des Ma(n)........scha(f)........tsbu(s)........es, und Carsten rü(k)........te in die Ma(n)........schaft nach. Dass aber Florian keineswegs die Ma(n)........schaft boyko(t)........ieren wollte, sondern nur aufgrund eines hinterhältigen Ma(n)........övers von Carsten den Bu(s)........ verpa(s)........te, kann gewi(s)........ nicht als Bagate(l)........e angesehen werden. Eventue(l)........ wird er wegen seines unsportlichen, ja a(s)........ozialen Verhaltens sogar aus der Ma(n)........schaft ausgeschlo(s)........en.

4. Gleich und ähnlich klingende Vokale

1

Kurzer e-Laut

Manche Laute klingen gleich oder doch sehr ähnlich. Dennoch werden sie in verschiedenen Wörtern verschieden geschrieben. Den kurzen e-Laut schreibt man mit e.

schnell, bellen, Welle

Aber:
Mit ä wird der e-Laut geschrieben, wenn es um gebeugte Formen eines Wortes geht.

Blatt → Blätter

Oder um eine Ableitung von einem Wort mit einem a im Stamm

kalt → Kälte

Manche Wörter werden mit ä geschrieben, obwohl es keine verwandten Formen mit a gibt.

ätzen, dämmern, Geländer, März

2

1. *Streiche die falsch geschriebenen Wörter.*

Endlich/ändlich; Wetter/Wätter; besser/bässär; gresslich/grässlich; Werme/Wärme; endert/ändert; Nesse/Nässe; Rägion/Region; lendlich/ländlich; Singularität/Singularitet; Gewesser/Gewässer; bendigen/bändigen; Belle/Bälle; kemmen/kämmen; Becken/Bäcken; Fessel/Fässel

2. *Setze ein: **e** oder **ä**?*

Viele Leute freuen sich auf den Sommer. ....ndlich wird das W....tter b....sser, weniger oder gar kein Regen mehr, die gr....ssliche K....lte ist vorbei, an die St....lle von N....sse und K....lte treten Sonnenschein und W....rme. Aber Anfang Juni ....ndert sich die Lage regelmäßig. Wieder N....sse und Kä....te. Viel Wind und in manchen R....gionen sogar leichter Bodenfrost. Man spricht vor allem in l....ndlichen Gegenden von der „Schafsk....lte". Damit meint man einen Temperatureinbruch zwischen dem 10. und dem 20. Juni. Es handelt sich um eine sogenannte Singularit....t.

3. *Füge die richtigen e-Laute ein.*

a) Viele Ph....nom....ne können wir nicht erkl....ren.

b) Auch im ....ngen Treppenhaus war ein schönes Gel....nder.

c) In der D....mmerung sank der N....bel in die T....ler.

Tipp:
Der lange Vokal **ä** wird anders gesprochen als ein langes **e**.
Also genau hinhören!
fehlen – schälen; Segen – sägen;

Test

3

Füge die fehlenden e-Laute ein.

W....hrend der D....mm....rung sollte man b....sser das Licht br....nnen lassen. – Man kann so b....sser k....nnenl....rnen, was den L....rm l....tztlich v....rursacht. – Eines der g....lben Bl....tter f....llt schn....ller als die andern zur ....rde. – W....ssrige blaue Augen blickten müde in die W....lt. – Vielf....ltige Möglichkeiten der B....ren....rnte w....rden heute genutzt, um möglichst gute Erg....bnisse zu ....rzielen. – Mit der Sch....re sollte man keine ....pfel sch....len.

Gleich und ähnlich klingende Vokale

1

Langer e-Laut

Den langen e-Laut schreibt man mit e (**Segen**) bzw. mit ee (**Beet**)
Aber mit ä schreibt man ihn, wenn es eine Grundform bzw. ein verwandtes Wort mit **a** im Stamm gibt:

Kahn (Grundform) → Kähne; Qual (Stamm) → quälen

Achtung: Hat die Grundform zwei aa, so schreibt man dennoch nur ein ä.

Saal → Säle

Bei einigen Wörtern schreibt man ä, obwohl es keine Ableitung gibt.

sägen, Ähre, Bär, Lärm, Schärpe

Bei Fremdwörtern wird der ä-Laut oft so geschrieben wie in der Herkunftssprache.

fair, trainieren

2

1. *Entscheide und streiche den falschen Buchstaben.*

entd(e/~~ä~~)ckt; R(e/ä)gen; zwei S(e/ä)le; verl(e/ä)gen; Verh(e/ä)ngnis;
beim Kl(e/ä)ren; R(e/ä)geln; n(e/ä)mlich; Wettk(e/ä)mpfer; auff(e/ä)llig;
pr(e/ä)pariert; mattgl(e/ä)nzend; ver(e/ä)ndert; gegl(e/ä)ttet; Oberfl(e/ä)che;
M(e/ä)ter; Übelt(e/ä)ter

2. *Suche verwandte Wörter mit **a**.*

Kälte	kalt
Nähe	
lähmen	
zähmen	
mäßig	
klären	
auffällig	

Kämpfer	
kämpfen	
Fläche	
rächen	
prächtig	
mächtig	
lächeln	

3. *Welchen e-Laut musst du einsetzen?*

Seine …hre ging ihm über alles. – Die …hre ist der oberste Teil eines Getreidehalms.

Test

3

Schreibe nach Diktat.

Jenny und ihr Pferd

An einem schönen Tag ging ein Mädchen namens Jenny zu ihrem Pferd Josy und putzte, sattelte und zäumte es. Sie ritt aus dem Stall. Josys Mähne glänzte wie im Märchen. Auf einmal erschrak Josy vor dem Geräusch einer Säge und rannte in das Maisfeld von Bauer Peter, aber erst im Weizenfeld, wo die Ähren raschelten, hielt es an, wieherte und scharrte mit dem Huf. Da flog eine Krähe mit einem großen Stück Käse im Schnabel in die Lüfte. Ob das die Krähe aus der Fabel war? Jenny ritt weiter. Während sie längs des Waldrandes ritt, sah sie einen kleinen Zirkus, der da sein Zelt aufgeschlagen hatte. Vor seinem Käfig saß ein Bär und schaute etwas dämlich in die Gegend. Er war noch nicht einmal dazu fähig, den Käfer auf seiner Nase zu sehen. Gemächlich drehte er sich um und ging in seinen Käfig, in dem ein schäbiger Knochen schräg nach oben zeigte. Jenny ritt weiter und bemerkte, dass es schon ziemlich spät war. Josy war inzwischen etwas träge geworden. Sie ritten an einer Wiese vorbei, auf der das Heu zusammengerauft war. Jenny roch etwas Ekliges und vermutete, dass das frisch gemähte Heu nass geworden war und zu gären begann. Ein Hase sprang unvermutet auf, Josy erschrak, scheute etwas und rannte den ganzen Weg zum Stall zurück. Dort versorgte Jenny das Pferd und fuhr dann nach Hause, wo ihre Eltern sie schon erwarteten.

Gleich und ähnlich klingende Vokale

1

Der oy-Laut

Der oy-Laut wird als eu geschrieben. Aber:

- Wenn es Wortformen mit au gibt, wird er mit äu geschrieben.
  Haus → Häuser
- Wenn es verwandte Wörter mit au im Wortstamm gibt, wird er mit äu geschrieben.
  Glaube → gläubig

2

1. *Entscheide und füge ein: **eu** oder **äu**.*

Fr........ndlich; ungl........big; H........ser; Geb........de; sich ....ßern;

Bed........tung; l........chten; H........schen; Fr........nd; str........en;

str........nen; F........lnis; Vers........mnis; ....ßerst; ger........mig;

R........me; sch........men; tr........men; r........chern

2. *Suche zu den folgenden Wörtern mit **au** verwandte Wörter.*

Raum: Räume, räumen, geräumig

a) Traum: ....

b) rauschen: ....

c) Schaum: ....

d) kaufen: ....

e) außen: ....

3. *Entscheide: **eu** oder **äu**?*

L........te; H........te; Fr........de; sch........men; B........me; h........te;

M........te; gl........big; Br........ne; Kr........z; Str........cher; Sch........ne;

l........chten; Geb........de

4. *Suche für die Wörter mit äu aus Aufgabe 3 entsprechende Wörter mit au.*

Häute → Haut

.... → ....

.... → ....

.... → ....

.... → ....

.... → ....

Test

3

Schreibe nach Diktat.

Der Dorfpolizist hat einen Landstreicher neben einer Scheune dabei erwischt, wie er gerade ein Hemd von einer Wäscheleine stehlen wollte. Der Landstreicher blieb allerdings nicht stehen, wie es der Polizist durch lautes Zurufen gefordert hatte, sondern machte sich schleunigst auf den Weg. Erst ging es über einige Wege, an Drähten vorbei, die zwischen Pfählen ausgespannt waren, über zwei Bodenwellen, dann querfeldein und am Waldrand blieb der Polizist erschöpft im Schatten einer Lärche stehen. Der Ärmste bekam einfach keine Luft mehr. Auch der Landstreicher keuchte und war froh über das Päuschen.
In respektvoller Entfernung blieb auch er stehen und spähte über das Feld zu dem Polizisten. Nach einigen Minuten rief er keck: „Na, Herr Wachtmeister, gefällt Ihnen die Rennerei? Wann geht's wieder weiter?" Der Polizist aber hatte genug vom Rennen über Äcker und vom Springen über Gräben. Er drohte dem Landstreicher noch einmal mit beiden Fäusten, drehte sich um und schlenderte ins Dorf zurück.

Gleich und ähnlich klingende Vokale

1

Probleme mit dem e-/ä-Laut

Den e-Laut schreibt man mit e, es sei denn, es gibt verwandte Wörter oder Wortformen, die ein a im Wortstamm haben. Dann schreibt man den e-Laut mit ä.

Bei einigen Problemen mit dem e-Laut kann man entscheiden, ob ein ä geschrieben wird, wenn man eine Wortform mit a findet.

- Infinitiv: **bäckt → backen**
- Grundform: **wärmer → warm**
- Singular: **Bälle → Ball**

Vorsicht: Wenn die Grundform mit zwei aa geschrieben wird, so wird doch nur ein Umlaut geschrieben.

Saal → Säle

Bei gleich klingenden Wörtern (Homophone) lässt sich nur vom Sinn im konkreten Verwendungszusammenhang her entscheiden, ob **e** oder **ä** geschrieben wird. Zu diesen Wörtern gehören:

Feld/fällt; **Lerche/Lärche**; **Welle/Wälle**; **heute/Häute**.

2

1. *Streiche die falsch geschriebenen Wörter.*

herter/härter; er **gretscht/grätscht**; **fellt/fällt**; er **hält/helt**; **fest/fäst**; **schmärzverzärrt/schmerzverzerrt**; **während/wehrend**; er **lesst/lässt**; er **fengt an/fängt an**; **lermen/lärmen**; er **nähert/nehert** sich; **Verletzung/Verlätzung**; **Geberde/Gebärde**; der **Ermste/Ärmste**

2. *Suche aus Aufgabe 1 die Wörter mit **ä** heraus und notiere die Grundform oder eine verwandte Form mit **a**-Stamm. Achtung: es lassen sich nicht alle Wörter ableiten!*

härter → hart

.... → ....

.... → ....

.... → ....

.... → ....

.... → ....

.... → ....

.... → ....

3. *Suche die Grundform oder ein verwandtes Wort mit **a** im Wortstamm.*

mäßig: .... verdächtig: ....

quälen: .... rächen: ....

kämmen: .... sächlich: ....

schälen: .... auffällig: ....

glänzen: .... Glätte: ....

einfältig: .... Männer: ....

Härte: .... lähmen: ....

Test

3

*Setze ein: **e** oder **ä**.*

Eine ....ltere Dame ist ganz aufger....gt. Hastig w....hlt sie die Notrufnummer und m....ldet sich bei der Feuerw....hr. „Hilfe! Es br....nnt! Kommen Sie schn....ll!“ Der Feuerwehrmann versucht die Dame zu beruhigen und fragt sie nach dem W....g: „Wie kommen wir denn zu Ihnen?“ Die alte Dame ist ents....tzt. „Ja f....hrt man bei Ihnen nicht mehr mit den roten Autos?“

Gleich und ähnlich klingende Vokale

1

Der ei-Laut

Der ei-Laut wird fast immer ei geschrieben. In wenigen Wörtern wird er mit ai geschrieben.

Hai, Kaiser, Mai

In einigen Fällen wird bei gleicher Lautung verschieden geschrieben. Die Schreibung ergibt sich aus der Bedeutung, die man aus dem Zusammenhang (Kontext) erschließen muss. Es stehen sich unter anderem gegenüber:

Leib – Laib
Laich – Leiche
Laien – leihen
Saite – Seite
Weise – Waise

2

1. *Kennst du die Wörter?*

Fische legen ihre Eier ab. Sie ....

Ein Quadrat hat vier gleiche ....

Eine Geige hat vier verschiedene ....

Als großer Raubfisch war er ein Filmstar. Der Film hieß

„Der weiße ....“

Der Bäcker bäckt einen .... Brot.

Eine .... hat keine Eltern mehr.

Gegen Hochwasser baut man einen ....

Am .... legen Schiffe an.

2. *Streiche die falsch geschriebenen Wörter.*

a) Er summte ein alte **Waise/Weise** vor sich hin.
b) „**Eile/Aile** mit **Weile/Waile**“ sagt ein Sprichwort.
c) Er **verlaiht/verleiht** ungern Fachbücher an **Leien/Laien**.
d) **Mais/Meis** ist eine wichtige Zutat der mexikanischen Küche.

Test

3

Schreibe nach Diktat.

Das hat der Kaiser nicht gewollt

Im letzten Mai hatte der Kaiser eines recht kleinen Landes eine ganz besondere Idee. Jedes Jahr wurde in seinem Reich ein Sommerfest gefeiert, an dem sich Profis wie Laien gleichermaßen beteiligten. In diesem Jahr nun wollte er zwar wie immer auf Bewährtes zurückgreifen, doch er hatte sich auch eine ganz besondere Kulisse ausgedacht. Hinter dem kleinen See, der eigentlich mehr ein Gartenteich war, sollten Handwerker Klein-Venedig aufbauen. Der Plan des Kaisers wurde schleunigst umgesetzt, und schon bald ragten aus dem Wasser erste Säulen, die die Häuser im venezianischen Stil tragen sollten. Nun fehlte es nur noch an stilechten Wasserfahrzeugen, und so schickte der Kaiser einen Trupp von Arbeitern nach Venedig, die von dort eine Gondel herbeischaffen sollten. Man scheute keine Mühen und schleppte die Gondel über die Alpen, die noch tief verschneit waren. Unter Ächzen und Keuchen kam man gerade noch rechtzeitig an zum Sommerfest. Doch die Transporteure, die sich so sehr ins Zeug gelegt hatten, hatten sich nicht nur einige Erkältungen geholt, sondern auch Erfrierungen an den Zehen. Man konnte geradezu froh sein, dass es keine Leichen gegeben hatte. Der Kaiser aber erschrak. Er konnte nur noch erklären: „Das habe ich nicht gewollt!"

Gleich und ähnlich klingende Vokale

1

Der e-Laut bei Fremdwörtern

Viele Fremdwörter behalten ihre ursprüngliche Schreibung, sodass der gesprochene e-Laut auf verschiedene Arten – je nach Herkunftssprache – geschrieben wird.

ai: **fair, Flair, Saison**
é: **Abbé, Attaché**
ier: **Atelier, Bankier, Premier**
et: **Budget, Couplet, Filet**

2

1. *Weißt du, was da gemeint ist? Trage ein.*

Arbeitsraum eins Künstlers: ....

Erster Minister: ....

Fleisch, Lendenstück: ....

Auto mit sportlicher Karosserie: ....

Lied für die Kleinkunstbühne: ....

Geldbeutel: ....

üben: ....

Kehrreim bei einem Lied: ....

Landstraße: ....

Entwurf: ....

Haarteil, Halbperücke: ....

Gastspielreise: ....

künstlerische Veranstaltung am Vormittag: ....

2. *Füge die richtigen e-Laute ein.*

Der H........rbst ist für Verk........hrsteiln........hmer die gef........hr-lichste Jahreszeit. Der Herbstwind bl........st die letzten Bl........tter von den Bäumen, N........sse macht die Straßen schmierig.

Die Gl........tte verl........ngert den Bremsw........g der Fahrzeuge

erh........blich. Oft kann dann nur noch ein ....rb........g die

schlimmsten L........dierungen verhindern.

3. *Streiche die falsch geschriebenen Wörter.*

Training/Treining; Refrän/Refrain; fähr/fair; maltraitieren/malträtieren; Dränage/Drainage

Test

3

Schreibe nach Diktat.

Probleme beim Fußballverein

Beim Fußballverein „Schienbein 04" hatte man sich für die kommende Saison viel vorgenommen. Der Vorsitzende betonte immer wieder, er verstehe sein Metier. Man wollte schon zum Saisonbeginn die Fitness der Spieler optimieren, indem man auf ausgeklügelte Trainingsprozesse besonderen Wert legte.
Das Budget für den Einkauf von neuen Spielern konnte dank eines Mäzens aufgestockt werden, sodass (auch: so dass) es möglich wurde, den Sturm komplett auszutauschen. Auch das sportliche Renommee der Mannschaft sollte verbessert werden, man wollte nicht mehr als eine „robuste Bauernmannschaft" gelten und setzte deshalb auf Fairness. Das harte Training in der Vorbereitungszeit rächte sich. Das Lazarett der Verletzten hatte schon im Rahmen der Vorbereitungsspiele einen beträchtlichen Umfang angenommen. Nun überlegt man sich, ob man nicht doch wieder zum früheren Konzept zurückkehren und einfach nur Fußball spielen sollte.

5. Ähnlich klingende Konsonanten

1

b und p

Die Entscheidung, ob eine **Wortsilbe** mit einem **b** oder einem **p** geschrieben wird, führt häufig zu Fehlern. Vor allem am Wortanfang und am Wortende kann die Unterscheidung schwerfallen. Eine **genaue Aussprache** und das **genaue Zuhören** können bei der Unterscheidung helfen.
Um die richtige Schreibung am Wortende zu erkennen, kannst du das Wort verlängern.

lieb → lieben, starb → sterben

Besonders eindeutig kannst du die richtige Schreibweise erkennen, wenn du (wie bei den Beispielen) Wortformen findest, die einen Vokal nach dem unklaren b-/p-Laut haben.

2

1. *b oder p?*
Entscheide, indem du eine verlängerte Wortform suchst.

erpro b/~~p~~ t	erproben	star b/p	....
gelo b/p t	....	bi b/p lisch	....
Tra b/p	....	blei b/p t	....
Galo pp/bb	....	kle b/p t	....
bele b/p t	....	kla pp/bb t	....
Ti pp/bb	....	za pp/bb lig	....

2. *Streiche die falsch geschriebenen Wörter.*

trapen/traben; taben/tappen; Rabe/Rape; Rabbe/Rappe; Wabe/Wape; Gabe/Gape; Mabbe/Mappe; frappiert/frabiert

Test

3

*Schreibe nach Diktat. Bei einigen Wörtern, die mit **p/b** beginnen, musst du besonders genau hinhören.*

Mit dem Pony unterwegs

Paul war schon seit dem frühen Morgen mit seinem Pony unterwegs. Das Wetter war allerdings recht trüb, und die Wolken wurden jetzt bedrohlich dicker und dunkler. Der Wind nahm zu, und erste Blitze zuckten am Himmel, Donner grollte. Paul hoffte, er werde noch rechtzeitig einen Unterstand erreichen.
Heute hatte er wirklich Pech. Erst wollte sein Pony nicht so recht, dann ließ es sich nur mühsam zu einem Trab bewegen, an Galopp aber war gar nicht zu denken. Die drohenden Wolken kamen pausenlos näher. Paul probierte es nochmals und tatsächlich: Das Pony ging in den Galopp, und das ganz ohne Peitsche. Paul sah einen Heuschober und galoppierte auf ihn zu. Seine Pechsträhne schien nun doch zu Ende zu gehen. Prustend kam er mit seinem Pony am Schuppen an, die Tür ließ sich öffnen, und Paul zog schnell sein Pony in den schützenden Raum, ehe er die Tür wieder schloss und einen Strohballen als zusätzlichen Schutz davor packte. Draußen tobte inzwischen das Unwetter, aber die beiden bekamen nur das Krachen des Donners und das Prasseln des Regens auf dem Dach mit. Bei einigen Donnerschlägen glaubte Paul, die Erde bebe. Das Pony tänzelte unruhig bei jedem Donnerschlag, und Paul musste es immer wieder beruhigen. Schlagartig hörte das Unwetter auf, und nach einem letzten Donnergrollen wagte sich sogar die Sonne ein wenig hervor. Jetzt konnte Paul in Ruhe nach Hause (auch: nachhause) traben.

Ähnlich klingende Konsonanten

1

f und v

Der f-Laut kann als f, v oder ph geschrieben werden.
Die häufigste Schreibung des f-Lautes ist die Schreibung als f.
Wörter, in denen der f-Laut mit v geschrieben wird, solltest du dir merken.
Silben, die mit f, ph oder pf geschrieben werden, klingen gleich oder ähnlich. Hier besteht eine große Verwechslungsgefahr.

- Mit ph werden vor allem Fremdwörter geschrieben.
  Viele dieser Wörter können allerdings sowohl mit f als auch mit ph geschrieben werden.
- Bei Silben, die mit pf geschrieben werden, kann man Schreibfehler reduzieren, wenn man das p deutlich ausspricht.

Tipp:
Die Vorsilben vor-, ver- werden immer mit v geschrieben.

2

1. *Ergänze.*

..........ähig | ....ahne | akti.......... | pri..........at
..........ilm | ....lasche | ....erbindung
..........erein | Initiati..........e | ....erhalten
..........ase | ....orzeit | ....ledermaus
..........ulkan | ....iel | zi..........il
..........olgen | ....ragen | ....ysik | Gra..........ik
..........otogra..........ie | ....urcht | ....bindlich
..........arao | ....rühling | ....all | ....ielleicht
..........etter | Atmos..........äre

2. *Ergänze.*

Die ....iloso........en f........elen einem ....ehlschluss zum O........er.

Test

3

*Setze ein: v, f, oder **ph**.*
*Denke daran, es gibt auch Wörter, die man mit **f** schreiben kann oder mit **ph**.*

........**ampire lehren uns das ....ürchten**

........ielleicht habt ihr schon einmal einen ....ampir im ....ernsehen gesehen, von seinen ....urchtbaren ....erbrechen erzählt oder ....orgelesen bekommen. ....ergesst dabei niemals, dass es diese ....urchterregenden Wesen in Wirklichkeit nicht gibt. Es handelt sich um bloße ....antasiegestalten. Allenfalls die nach ihnen benannten ....ampir-........ledermäuse finden sich in ....reier Wildbahn. Die ....orstellung ....on diesen ....insteren Gesellen geht auf ....rühe slawische Legenden zurück und ....indet sich seit dem 17. Jahrhundert ....ielfach aufgeschrieben und ....erarbeitet. In ....ast keiner der alten Geschichten begegnen uns die ....ampire allerdings als Blutsauger. Sie haben nach ihrem Tod ihr Grab ....erlassen. Hier........or ....ürchteten sich ....iele Menschen. Erst spätere ....erfasser und ....ilmproduzenten machten aus diesen Untoten die bekannten Blutsauger.

Ähnlich klingende Konsonanten

1

g und k

Die Entscheidung, ob eine Wortsilbe mit einem g oder einem k geschrieben wird, führt häufig zu Fehlern. Vor allem am Wortanfang und am Wortende kann die Unterscheidung schwerfallen.

- Eine genaue Aussprache und das genaue Zuhören können bei der Unterscheidung helfen.
- Um die richtige Schreibung am Wortende zu erkennen, kannst du das Wort verlängern oder in eine andere grammatische Form – zum Beispiel die Grundform – umwandeln: Tag → Tage.

Tipp:
Auch gg und ck können verwechselt werden.
Er turnt am Regg/Reck.

2

1. *g oder k? Suche eine verlängerte Form oder eine andere grammatische Form und entscheide dann.*

Flu g/k	Flüge	Ban g/k	....
flo g/k	....	er sin g/k t	....
betro g/k	....	er sin g/k t	....
schlu g/k	....	verza g/k t	....
Schlu ck/g	....	bemer g/k t	....
Betru g/k	....	Handwer g/k	....
Ru ck/gg	....	been g/k t	....

2. *Setze ein: g oder k/ck.*

Kai lü ....t ....eineswe ....s, wenn er sa ....t, er sei Lo ....führer. Seine Modelleisenbahn lo ....t sogar Besucher an.

Test

*g oder **k**? Ergänze den Text.*

Ein schöner Ferientag

Würde ich nach den Ferien über mein schönstes Ferienerlebnis befra....t, müsste ich nicht lan....e überlegen. Kein Ta.... der diesjährigen Ferien war wirklich lan....weilig. Dennoch fällt mir sofort ein Erei....nis ein, über das ich, ohne lange nachzuden....en, berichten kann. An einem der Ferienta....e besuchten wir einen nahe gele....enen Freizeitpar..... Weil er für seine Attra....tionen sehr be....annt war, stießen wir bereits an der ....asse auf einen Pul.... von Menschen. Ein Mann drän....elte und är....erte die anderen ....äste. Später im Par.... bege....nete uns der Drän....ler wieder. Am Delfinarium drü....te er einige ....inder beiseite, um selbst einen besseren Blick auf die Tiere zu erlan....en. Dabei drü....te er so star.... gegen das Sperr....itter, dass dieses ab....ni....te. Der Mann flo.... in hohem Bo....en in das Delfinbe....en. Selbst die Delfine, die vorsichti.... aus dem Wasser lu....ten, lachten über den Pla....e....eist. Völli.... durchnässt wurde er aus dem Wasser gezo....en. Vielleicht wird er beim nächsten Mal etwas vorsichti....er oder doch zurü....haltender sein. Viel ....elernt hat er aber wohl ....aum.

Ähnlich klingende Konsonanten

1

chs, ks, gs und x

Der Laut, der sich in der Aussprache wie **ks** anhört, wird oft als **x** geschrieben. Manchmal schreibt man aber auch **chs** **(Lachs)** oder **ks** **(Keks)**.
Ob eine Silbe mit **chs**, **gs** oder **ks** geschrieben wird, kann man meist nicht aus der Aussprache ableiten.
Präge dir möglichst viele Wörter, die mit **-chs** und **-x** geschrieben werden, ein, siehe Übung 1.

2

1. *Merke dir diese Wörter und markiere alle Wörter mit **chs** farbig. Schlage unbedingt alle Worte nach, deren Bedeutung du nicht kennst.*

Lachs, Wachs, Achse, sechs, Lexikon, Lux, toxisch, Echse, boxen, Ochse, Kontext, Hexe, wechseln, Büchse, drechseln, extra, wachsen, Fuchs, relaxen, Box, Wachs, Flachs, Taxi, kraxeln, Exil, Luchs, Achsel, Dachs

2. *Füge den richtigen ks-Laut ein.*

Sonntag ist Familientag

Meistens unternehmen wir sonnta.......... etwas mit der gesamten Familie. Während du vielleicht noch im Bett lie.......... oder frühstü..........t, sind wir meist auf A..........e. Wir rela..........en bei einem Spaziergang oder kra..........eln durch die bergi..........ten Wanderwege.

3. *Streiche falsch Geschriebenes.*

drechseln/drexeln; **Echse/Exe**; **Eksil/Exil**;
flugs/flucks/flux; **Fux/Fuchs**

Test

3

*Kennst du die Lösungen? Alle Wörter müssen in der Schreibung natürlich **chs**, **ks**, **gs** oder **x** enthalten.*

Mietauto (mit Fahrer): ....

größer werden: ....

Wörterbuch: ....

listiges Fabeltier: ....

(mühsam) klettern: ....

mit geballter Faust schlagen: ....

Dose: ....

großes Beil: ....

Prüfung: ....

Fachmann: ....

Knabbergebäck: ....

Zauberin: ....

Verbannung: ....

besonders: ....

ausruhen: ....

daraus werden Kerzen gemacht: ....

Ähnlich klingende Konsonanten

1

-ig, -ich und -isch

Die Schreibungen -ig, -ich, -isch werden häufig verwechselt, da sie gleich oder ähnlich ausgesprochen werden.
Durch eine saubere Aussprache und gutes Zuhören können einige Fehler vermieden werden.
Auch durch mundartlich verursachte Undeutlichkeiten in der Aussprache können Fehler entstehen.
Oft ist es hilfreich, das Wort zu verlängern.

wenig → wenige

Man sollte sich die Schreibung möglichst vieler Wörter merken.

Tipp:
Vor allem in Süddeutschland werden Worte mit **-ig** meist wie „-ik" ausgesprochen. In manchen Gegenden des Rheinlands und in Teilen Sachsens wird im Dialekt **-ig** wie „-isch" ausgesprochen, also wird König „Könisch" gesprochen. Nach wichtigen Aussprachewörterbüchern korrekt wäre die Aussprache „ich", also „Könich" und nicht „Könik" und keinesfalls „Könisch". Diese Aussprachereregel ist aber nicht unumstritten.
Bei den Diktaten, die für dieses Buch aufgenommen wurden, wird -ig als -ik gesprochen, um die Diktate nicht zu erschweren. Nur das Diktat von Seite 83 wurde in dieser Frage „korrekt" gesprochen, immerhin geht es darin um die Schreibung von -ig und -ich.

2

1. *-ig, -ich oder -isch?*

Hannes schlenderte neul.......... gemütl.......... durch die Stadt, als ihn ein Fremder ansprach, der offensichtl.......... ortsunkund.......... war. Bereitwill.......... gab Hannes Auskunft und erklärte höfl.......... den Weg zum Postamt. Der Fremde bedankte sich freundl.......... und fügte hinzu: „Ich bin der neue Pfarrer. Wenn du am Sonntag zum Gottesdienst kommst, dann zeige ich dir den Weg zum Himmel." Hannes war da skept........... „Wie wollen sie den Weg zum Himmel richt.......... kennen, wenn sie nicht einmal wissen, wo es zum hies..........en Postamt geht?“

2. *Wenn du nicht sicher bist, verlängere das Wort und entscheide.*

wenig/ch	wenige	wenig
ruhig/ch		
friedlich/g		
freundlig/ch		
fleißich/g		
wichtich/g		
öffentlig/ch		

Test

3

Schreibe nach Diktat.

Hektisch eilt Martina durch den Bastelladen und packt das nötige Material in den Einkaufskorb. Sie hat es ganz schön eilig. Ihre Patentante hat nämlich heute Geburtstag und Martina möchte ihr eine Karte basteln. Martina findet es eigentlich praktisch und lustig, eigene Geburtstagskarten zu basteln. Für sie ist es schon üblich und selbstverständlich, ihren Verwandten eine Freude zu machen. Eine solche Karte ist schon sehr persönlich und macht entsprechend Freude. Doch heute hat sie wenig Zeit, sodass (auch: so dass) der Einkauf etwas nervig wird. Hastig eilt Martina nach Hause und begibt sich an ihr Werk. Beim Basteln von Karten ist sie eigentlich recht erfinderisch. Diesmal bastelt sie eine Karte, auf der eine bunte, prächtig blühende Blumenwiese angedeutet ist. Ihre Patentante mag Blumenwiesen ganz besonders. Das weiß Martina.
Sie kommt zügig voran und ihr kleines Kunstwerk ist bald fertig. Ihre Tante wird sich, das weiß Martina, richtig freuen über die bunte Karte.

Ähnlich klingende Konsonanten

1

d, dt, th, t oder tt

Die Entscheidung, ob eine Wortsilbe mit d, dt, th, t oder tt geschrieben wird, wird oft falsch getroffen. Vor allem am Wortanfang und am Wortende fällt die Unterscheidung zwischen d, t und th schwer.

Eine genaue Aussprache und das genaue Zuhören können bei der Unterscheidung helfen.

Um die richtige Schreibung am Wortende zu erkennen, kannst du das Wort verlängern oder eine andere grammatische Form suchen.

Brand → Brände; bekannt → bekannte; wird → werden

Die Schreibung mit th findet sich vor allem bei Fremdwörtern, die aus der griechischen Sprache stammen.

Nach kurzen Vokalen steht oft tt.

2

1. *d oder t? Verlängere und entscheide.*

Band/t	Bände	Band
verbrannt/d		
Wand/t		
Rant/d		
Geld/t		
Strand/t		
hält/d		
wird/t		
Wirt/d		
das Rad/t		
Tat/d		
Hand/t		
bald/t		
der Rad/t		
Gebirgsgrat/d		

2. *Suche im Wörterbuch oder per Internetrecherche mindestens drei Wörter mit th.*

....

Test

3

t oder d? Ergänze.

Ferienprogramm im Schwimmbad

Heute beginn.... das Ferienprogramm der Sta....jugend. Tim und Lisa freuen sich schon sei.... einiger Zei..... Sie sin.... gespann...., was wohl in diesem Jahr gebo....en wird. Sie nehmen nun bereits zum dri....en Mal an dem Ferienangebot.... teil. Die Star....veranstaltung finde.... heute im stä....ischen Schwimmba.... sta..... Wie gut, dass es nicht regne..... Zunächs.... werden alle teilnehmenden Kinder von den betreuenden Erwachsenen begrüßt. Sie erhal....en einen genauen Programmplan. Außerdem bekommen sie eine Tü....e mit unterschiedlichen U....ensilien überreicht. Hierzu gehören etwa eine Schwimmbrille, eine Schirmmütze, Sonnencreme und einige Süßigkeiten. Nach der Auftak....veranstaltung dürfen die Kinder einige Zei.... im Schwimmba.... bleiben. Der Ba....emeister weis.... sie darauf hin, dass sie nicht vom Ran.... ins Wasser springen sollen. Dafür seien die Star....blöcke da. Die Kinder sind sich nicht lange frem..... Bal.... kenn.... man den einen oder die andere und dann geh.... es richtig los. Viel zu schnell ist die Zei.... vorbei und es bleib.... nur das War....en auf den nächsten Tag.

Ähnlich klingende Konsonanten

1

z, tz, ts

Ob z, tz oder ts geschrieben wird, lässt sich in der Regel nicht aus der Wortaussprache ableiten. Einige Hinweise können aber helfen:
Nach einem kurzen Vokal folgt oft tz.

Katze, Tatze, Fratze, Witz, Blitz

Nach au, ei, eu steht meist kein tz.

Kauz, Reiz, Kreuz

2

1. *Ergänze: **z, tz** oder **ts**.*

a) Er war ein beliebter Ar........t.

b) Er behandelt Her........patienten, aber keine Hol........klö........e.

c) In........wischen arbeitet er nicht mehr.

2. *Trage ein: **z** oder **tz**.*

Angst vor dem Arztbesuch

Habt ihr auch solche Angst, wenn ihr zum Ar........t müsst? Ich schwi........e schon, wenn ich nur daran denke. Mein Her........ beginnt zu rasen, und in meinem Magen scheint ein schwerer Hol........klo........ zu liegen. Einmal bin ich mit dem Fahrrad so schwer gestür........t, dass ich zum Ar........t musste. Ich wollte die Verle........ung zunächst verheimlichen. Als die Schmer........en immer stärker wurden, habe ich meiner Mutter die Wunde tro........dem gezeigt. In........wischen war etwas Schmu........ hineingeraten und die aufgepla........te Haut war schon leicht ent........ündet. Der Ar........t war ziemlich nett. Er pu........te die Wunde und klebte zwei große Pflaster wie ein Kreu........ über die Stelle. Schließlich gab er mir noch eine Spri........e.

Test

3

Schreibe nach Diktat.

Die Ausrede

Die Lage wurde allmählich brenzlig. Und wenn Peter nicht gänzlich untergehen wollte, musste er sich schleunigst etwas einfallen lassen. Ihm fiel eigentlich immer wieder etwas ein, nur diesmal fühlte er sich völlig hilflos. Sollte er etwa freimütig bekennen, dass er heute in der Hektik des Aufbruchs sein Heft einfach vergessen hat? Das wäre unvorsichtig und würde vermutlich eine saftige Übungsarbeit nach sich ziehen. Sein Lehrer hatte da wenig Verständnis. Er war zwar keineswegs engstirnig, aber Ausreden ließ er nur gelten, wenn sie originell waren. Peter begann noch etwas zögerlich, kam dann aber doch ziemlich schnell in Fahrt: „Also das war so: Schuld war eigentlich nur Omas Wellensittich. Der ist furchtbar empfindlich, dem wird schon schwindlig, wenn sein Käfig etwas wackelt. Trotzdem tobte er gestern in seinem Käfig hin und her, flog von einer Stange zur anderen, und der Käfig wackelte und wackelte. Nun hat Oma gestern ausgerechnet mein Deutschheft gegriffen und als Unterlage für den Käfig benutzt, als er einfach nicht aufhören wollte zu wackeln. Heute Morgen hat der Sittich noch geschlafen, als ich mein Heft wiederhaben wollte, und wir wollten nicht so unmenschlich sein und ihn wecken. Ich wollte zwar die Unterlagen noch wechseln, aber Oma ging dazwischen und protestierte heftig. Alle meine Versuche unterband sie unverzüglich, und ich musste schließlich ohne mein Heft zur Schule.“ Peter verstummte. Hoffentlich, dachte er, ist die Geschichte originell genug. Dabei war die Geschichte sogar sehr nah bei der Wahrheit geblieben, auch wenn es keiner glaubt.

Ähnlich klingende Konsonanten

1

b und p

Die Entscheidung, ob eine Wortsilbe mit einem b oder einem p geschrieben wird, führt häufig zu Fehlern.

- Im Deutschen wird ein stimmhaftes b am Wortende häufig als stimmloses p ausgesprochen, was zu Fehlern führen kann. Durch die Verlängerung des Wortes lässt sich die richtige Schreibung erkennen.
- Nach einem kurzen Vokal steht oft pp.
- Die Lautverbindung mit s wird immer als sp geschrieben.

2

1. *Ergänze: **b**, **p** oder **pp**.*

a) Er ist sehr ges........annt.

b) Das Pferd nimmt am Tra........rennen teil.

c) Es siegt ganz kna........ .

2. ***b** oder **p**? Verlängere und entscheide.*

Grab/p	graben	Grab
Trap/b		
er gab/p		
die Hub/pe		
Tipp/bb		
Sieb/p		
er rieb/p		
lieb/p		
Trieb/p		

3. *Fast Wortdoppelgänger.*

Kappe + K....ppe; Pappe + P....ppe; Lippen + L....ppen

4. *Schwierige Entscheindung?*

pla........ern; Gri........e; ge........en; trü........; Tru........e; Tul........e

Test

3

*b oder **p/pp**? Entscheide und füge ein.*

Beim Pferderennen

Mit ges........annter Begeisterung warten die Besucher den Start des Tra........rennens ab. Gut kann man die Vor........erei-tungen für den Start beo........achten. Alle Pferde samt den Reitern und den Sulkys befinden sich nun auf der Bahn. Das Startauto mit den beiden ausgebreiteten Gitterflügeln fährt vor den Pferden. Ob alles gelingen wird? Die Reiter bringen die Pferde in ....osition, bis der Start freigegeben wird. Nun entfernt sich das Startfahrzeug in großer Geschwindigkeit, und das Tra........rennen hat ....egonnen. Von den ....änken der Tri........üne lässt sich das Kopf-an-Kopf-Rennen gut ....eobachten. Eines der Pferde verfällt in einen Galo........ und wird disqualifiziert. „Nun ....eginnt der Ziellauf!“, ertönt eine ....ellende Stimme aus dem Lautsprecher. Jetzt wird es s........annend! Ganz kna........ siegt das Pferd mit der Start-nummer 3. Weil der Ra........e als Favorit des Rennens galt, ist niemand überrascht, dass er den ersten ....latz ....elegt. ....lötzlich hört man ein „........ravo“ von der Tri........üne. Sicherlich stammt es von dem ....esitzer des Pferdes, der sich über seine Sieg........rämie freut.

Ähnlich klingende Konsonanten

1

f, v, ph, pf

Der f-Laut wird in der Regel als f geschrieben. Wörter mit v musst du dir merken. (Siehe Seite 76) In Fremdwörtern wird der f-Laut manchmal noch mit ph geschrieben. Oft ist da bereits die Schreibung mit f möglich.

Photo, Foto

pf klingt fast wie ein f-Laut, vor allem nach m **(Kampf)**.

2

1. *Ergänze: f, pf oder ph.*

a) Eine spezi........ische Sprachverwendung.

b) Ein Sprachbild nennt man auch Meta........er.

c) Schlag es dir aus dem Ko........ .

2. *Finde die gesuchten Wörter und schreibe sie richtig.*

Muskelverspannung: ....

mit dem Fuß fest auftreten: ....

Morast: ....

Blutsauger: ....

Gefäß für Blumen: ....

Abschnitt einer Entwicklung:...

3. *Schreibe eine korrigierte Version in dein Heft.*

Obwohl die Faraonen von Fysik nichts pherstanden, vinden wir heute fiele vantastische Bauten in der Wüste Ägyptens. Die damaligen Baumeister ferstanden jedenphalls dennoch phil fon Material, Technik und Phormen.

4. *Setze ein: **f**, **pf** oder **ph**.*

a) Im Tal der ....araonen ....and man mehrere Sarko........age ägyptische Herrscher.

b) Des ....iloso........en ....üße ....anden ....inn-lands ....lüsse ....rostig.

c) Beim To........schlagen zeigte sie pro........etische ....ähigkeiten.

Test

3

*Setze ein: **f**, **v**, **ph** oder **pf**.*

Gedichte interpretieren

Dass Schüler schim........en, wenn sie eine ....ormanalyse eines Gedichtes durch........ühren sollen, liegt oft auch an der spezi........ischen Sprache des Gedichtes. Nicht so einfach zu deuten und zu erkennen sind diejenigen ....änomene, in denen der Dichter ....ersucht, die Sprache übertragen und bildlich zu ....erwenden. Personi........izierungen und Meta........ern sind bekannte Beispiele für bildliches Sprechen, die euren Ko........ ....ielleicht schon einmal zum Dam........en gebracht und eure ....antasie (auch: ....antasie) beansprucht haben. Bei beiden ....änomenen muss man darauf achten, dass man die ....orkommenden ....ormulierungen nicht wörtlich ....ersteht. Sie haben eben eine übertragene, man sagt auch: meta........orische, bildha........te Bedeutung.

Ähnlich klingende Konsonanten

1

g und k

Die Entscheidung, ob eine Wortsilbe mit einem **g** oder einem **k** geschrieben wird, führt häufig zu Fehlern.
Im Deutschen wird **ein stimmhaftes g am Wortende** üblicherweise als **stimmloses k ausgesprochen**, was zu Fehlern führen kann. Durch die Verlängerung des Wortes oder die Umwandlung in den Infinitiv lässt sich meist die richtige Schreibung erkennen.

Er fängt → fangen

Nach eine kurzen Vokal steht oft **ck**.

Druck, Trick, Zacke, kicken

2

1. *Suche nach einer verlängerten Form und entscheide.*

kling/kt	klingen	klingt
sing/ken		
Betrug/k		
Kluk/g		
verschling/kt		
schluck/ggt		
er stieg/k		
Steg/k		
Wek/g		
Berg/k		
Werg/k		
Zweg/k		

2. *Füge ein: **g** oder **k**?*

a) Halb zo.... sie ihn, halb san....er hin.

b) Er konnte das Flu....zeu.... nicht reparieren, ihm fehlte das richti....e Wer....zeu.....

c) We.... und Ste.... waren versperrt.

d) Mit einem Ha....entri.... ....i....te er den Ball in den ....asten.

Test

Füge ein: g, k oder ck

Betrü........ereien

Häufi........ werden ältere Menschen zu unschuldi........en Opfern ....erissener Betrü........erbanden, die den so........enannten „En........eltri........“ anwenden.

Die Ta........ti........ dieses Tri........s besteht darin, dass sich einer der Betrüger per Telefon bei einer älteren Person meldet und sich als deren En........el oder Verwandten aus........ibt.

Er verwi........elt die überraschte Großmutter oder den Großvater in ein ....espräch und bittet um eine finanzielle Unterstützung in einer ....rise. Ähnlich erei........nete es sich auch bei einem Seniorenpaar am Niederrhein. Obwohl der vermeintliche Verwandte am Telefon das Blaue vom Himmel herunterlo........, ...laubten die Senioren dem Betrü........er. Das Paar bekla........te zwar, selbst weni........ ....eld zu haben, begab sich aber zur Spar........asse, um die Ersparnisse abzuheben.

........lü........licherweise kamen ihre Tochter und der Schwie........ersohn zufälli........ für einen kurzen Besuch zu den beiden Betro........enen. Bevor der beauftra........te Kurier das ....eld abholen konnte, alarmierte die Tochter die Polizei.

Durch deren vorsichti........es und ....eschicktes Vor........ehen ....elan........ es schließlich, die ....anze Bande zu fassen.

Ähnlich klingende Konsonanten

1

z, tz, ts

Siehe die Regel Seite 86.

Tipp:
In deutschen Wörtern schreibt man **nach kurzem Vokal** meist **tz**, nicht **zz**.

2

1. *z, tz, ts?*

a) Er besi........t ....wei verschiedene Plä........chenre........epte.

b) Du häl........t Klara für besonders wi........ig.

c) Tro........ig weigert er sich die schmu........igen Schuhe zu pu........en.

2. *Schreibe die Reimwörter geordnet in dein Heft.*

Schmutz; Trotz, Satz; spitz; Witz; Klotz; Platz; Sitz; Schutz; Litze; Blitz; Spitze; schmutzig, Hitze; putzig; protzig; trotzig; stutzig; Lakrize; Spatz

3. *Verwende Wörter aus Aufgabe 2 und schreibe mindestens zwei Nonsense-Sätze in dein Heft.*

4. *Streiche die falsch geschriebenen Wörter.*

Das gab ihm **vollends/vollents** den Rest. **Abents/Abends** konnte er **trods/trotz/trots** seiner Müdigkeit noch sehr gut **tansen/tantzen/tanzen**. Mama war nicht zum **Schertzen/Scherzen** aufgelegt. Sie hatte heftige **Kopfschmerzen/Kopfschmertzen**. Manches gab ihm ein **Rätzel/Rätsel** auf.

5. *Suche mindestens fünf Wörter mit* ***zz****.*

....

....

Test

3

Finde die Wörter und schreibe sie richtig.

sauber machen: p ....

dreckig: schm ....

Kopfbedeckung: M ....

Geldstück: M ....

praktische Übung: Pr ....

Arbeitsniederlegung (Genitiv): des S ....

größer werden: w ....

Erscheinung während eines Gewitters: B ....

Kahlkopf: G ....

Schweiß absondern: sch ....

Anleitung zum Kochen oder Backen: R ....

Wärmespender: H ....

Gottloser: A ....

Rechtschreibung: O ....

Wärmemesser: T ....

Verzeichnis: I ....

Ähnlich klingende Konsonanten

1

b und p, d und t, g und k

Die Frage, ob eine Wortsilbe mit einem b oder einem p geschrieben wird, führt häufig zu Fehlern. Ähnliches gilt für die Paare d und t sowie g und k.
Problematisch ist vor allem die sogenannte Auslautverhärtung.
So werden im Deutschen stimmhafte Laute am Wortende üblicherweise stimmlos ausgesprochen, was zu Fehlern führen kann.
Durch die Verlängerung des Wortes lässt sich die richtige Schreibung aber erkennen.

2

1. *Setze die richtigen Buchstaben ein.*

Die Schildbürger beschaffen Bauholz

Keuchen.... und stöhnen.... stemm....en sich die Schil....bürger gegen den Baumstamm, der mit aller Gewal.... und ohne ihre Un....erstützung allein zu ....al rollen wollte. Schwitzen.... hetzte der Bür....ermeister hin und her und ....ab ....ut ....emeinte Ra....schläge. Bal.... hatten sie es auch geschaff.... und den letzten Stamm für ihr neues Ra....haus ins ....al gebrach...., nur noch der letzte etwas steil a....fallen....e A....hang war zu überwin....en, da verließ sie ihre ....raf..... Fluchen.... sprangen sie zur Seite und der Stamm rollte poltern.... und immer schneller werden.... ins ....al. Staunen.... saßen die Schil....bür....er im ....ras und sahen zu. ....rass!! So gin.... das tatsächlich auch! Schwei....en.... und ein weni.... ....eschäm.... sahen sie sich an. Warum haben sie das nicht auch selbst so ....ro....iert? So ....achte ein jeder bei sich. Einer sagte es lau....: „Ja, wenn das so geh...., ...ann hal.... noch einmal!“ Mit verein....en ....räften schle....ten sie das ....esam....e ....auholz noch einmal ....ergauf, um es dann vor Freude in die Hän....e klatschen.... Stamm für Stamm ins ....al rollen zu lassen. Am En....e hüpften sie ....anzen....hinterher.

2. *Ergänze die richtigen Buchstaben.*

blühen....en, Geschäf....e, Reich....um, Hän....ler, gal...., lie....te, lie....e; wie....er, mer....te, be....rügerisch, listi...., bega...., regelmäßi...., äußers...., zurück....ehrte, empfin...., führ....e, Han....habe, bli....te, Verlie....thei...., be....euer....e, Kin...., Gar....en, Mun...., empfin...., natürli...., Betru...., ...ab, Kna....en, ...il....ete, ausge....ilde...., bega...., Erfol...., frem....en, Mar....t, Erziehun.....

Test

3

Schreibe als Diktat.

Karlchen und der Fremde

Karlchen war selten verblüfft, aber einmal stand ihm doch der Mund still, als ihm, während er auf den Bus wartend am Straßenrand stand, ein völlig fremder Mann auf die Schultern klopfte und lachend loslegte: „Mensch, Kurt, hast du dich aber verändert. Groß bist du geworden. Kräftige Schultern hast du gekriegt. Sogar eine neue Haarfarbe hast du. Du warst doch mal blond, klein und schmächtig. Bald bist du so wie ich. Wie schaffst du das nur?“ „Entschuldigung“, unterbrach Karlchen den Wortschwall und entgegnete: „Moment mal, ich heiße gar nicht Kurt, sondern Karlchen!“ Der Fremde aber blieb unbeeindruckt und fuhr fort: „Was, einen neuen Namen hast du dir auch zugelegt?“

Ähnlich klingende Konsonanten

1

f, v, ph

Siehe die Regeln Seite 76 und Seite 90.
Außerdem solltest du beachten: Bei etlichen **Fremdwörtern** wird das **v** als **w** gesprochen.
In vielen Fällen kann das **ph** in Wörtern aus der griechischen Sprache als **f** geschrieben werden.

Phantasie und Fantasie

Tipp:
Präge dir die Schreibung der folgenden Wörter ein:
- **Klavier, Vulkan, Initiative, zivil, aktivieren, Vase, nervös,**
- **Phrase, Phantasie (auch: Fantasie), Sphäre.**

2

1. *Schreibe aus dem folgenden Text die farbig hinterlegten Wörter heraus.*

Was ist eigentlich der Zapfenstreich?

In seiner ursprünglichen Bedeutung meint das Wort „Zapfenstreich" den Beginn der vorgeschriebenen Nachtruhe der Soldaten. Die Phrase ist seit dem 16. Jahrhundert nachgewiesen, ihre Herkunft könnte damit in Verbindung stehen, dass die wachhabenden Soldaten zu einer festgelegten Abendzeit mit einem Säbel oder einem anderen Gegenstand auf den Zapfen der Bier- und Weinfässer geklopft haben, um das Ende des abendlichen Ausschanks und damit die beginnende Bettruhe anzuzeigen. Man braucht nicht viel Fantasie (auch: Phantasie), um sich vorzustellen, wie diese Wachen empfangen wurden und wie unbeliebt diese Zeremonie war.
Noch heute gibt es bei der Bundeswehr festgelegte Schlafenszeiten, die mit dem Zapfenstreich beginnen. Sie werden oft in Form von Durchsagen oder durch Pfeifen angezeigt. Es ist die Pflicht der Soldaten, diese Zeiten einzuhalten.
Aus bestimmten Musikstücken, die zur Kennzeichnung des Zapfenstreichs in den Kasernen gespielt wurden, entwickelte sich die

militärische Tradition des sogenannten (auch: so genannten) „Großen Zapfenstreichs". Hierbei handelt es sich um eine festgelegte Folge von Musikstücken, die zur militärischen Ehrung verdienter Persönlichkeiten gespielt werden. Neben verschiedenen Märschen gehört auch ein Gebetslied zur Aufführung des Zapfenstreichs. Zu den Personen, die durch den „Großen Zapfenstreich" geehrt werden, zählen hohe Offiziere aber auch Politiker.

2. *Schreibe jetzt den Text nach Diktat.*

Test

3

f, v oder ph? Setze ein.

Es gibt ......iel......ältige ......ersuche, die ......ergangenheit dem heutigen Menschen zu ......ergegenwärtigen. Museen stellen ganz spezi......ische Institutionen dar, die dabei mitwirken. Da sind der ......antasie ......ast keine Grenzen gesetzt. So gibt es für ......ast alles ein Museum, ob es nun antike ......asen oder ......antastische Malerei, ...otografie oder ......laschen sind, deren Geschichte man ......er......olgen möchte. Beliebt sind nicht nur di......erse Musikinstrumente wie Kla......ier, ...ioline oder Saxo......on, denen ganze Museen gewidmet sind, auch für Dinge des täglichen Gebrauchs ja sogar des ......erzehrs gibt es Museen. Ob es sich nun um Käse oder Brot, um ......lugzeuge oder andere ......erkehrsmittel handelt, im entsprechenden Museum wird man eine Vielzahl entsprechender Artikel und ......ehikel finden.

Ähnlich klingende Konsonanten

1

chs, gs, ks, x

Siehe die Regel Seite 80.

2

1. *Kennst du die Wörter? Weißt du, wie man sie schreibt?*

Fachmann: E ....

ausgezeichnet: e ....

vielfältig verflochten: k ....

Auszug: E ....

genaue Nachbildung einer Vorlage: F ....

Tier, Pflanze aus fernen Ländern: E ....

Sauerstoffverbindung: O ....

ausruhen: r ....

Fisch: L ....

2. *Die folgenden Wörter solltest du kennen und richtig schreiben.*

biegbar, biegsam, nachgebend: f ....

größer werden: w ....

festigen, festhalten: f ....

austauschen: w ....

Aufwand, Verschwendung, Prunk: L ....

3. *Alle falsch! Schreibe die Wörter richtig in dein Heft.*

Axel, ekstrahieren, taksieren, Luks, Daks, häxseln, schnurstrax, Eksil, Indeks, oksidativ

Test

3

Entscheide und füge ein: ***gs, x, ks, chs.***

Eine der wichtigsten Te.......... tsammlungen, die die deutsche Lyrik des Mittelalters überliefern, ist die „Große Heidelberger Liederhandschrift“. In E..........pertenkreisen trägt die e..........zellent erhaltene Sammlung auch den Namen „Code.......... Manesse“.

Diese Bezeichnung erinnert daran, dass der wichtigste Teil des Grundsto.......... der Sammlung auf die Züricher Patrizierfamilie Manesse zurückgeht, die sich etwa um 1300 das e..........klusive und e..........trem lu..........uriöse Hobby leistete, literarische Texte zu sammeln und in einem prachtvollen Buche..........emplar zusammenstellen zu lassen. Nur die wenigsten Menschen dieses Zeitkonte..........tes konnten sich solche Ausgaben leisten.

Die Handschrift wird heute in der Universitätsbibliothek in Heidelberg aufbewahrt, wo auch ein Fa..........imile des Originale..........emplars besichtigt werden kann. Der Code........ besteht aus 426 Pergamentblättern, auf denen 140 Dichter mit ihren Te..........ten vertreten sind. Die lyrischen Te..........te werden ergänzt durch farbenprächtige Bilder, auf welchen die ritterlichen Dichter samt ihren Wappen abgebildet sind.

6. s-Laute

1

Der s-Laut

Am Wortanfang wird der s-Laut immer mit einfachem s geschrieben.

Sonne, sehen, siegen, Salz

Der s-Laut im Wortinnern:

- Im Wortinnern nach langem Vokal wird ein einfaches s geschrieben, wenn der s-Laut gesummt wird, stimmhaft, weich gesprochen wird.

  brausen, rasen, emsig, riesig
- Wird der s-Laut scharf und stimmlos gesprochen, so schreibt man
  - **nach langem Vokal ß: Gruß, Grüße, Füße, schließen,**
  - **nach kurzem Vokal ss: Schluss, Schüssel, passt.**

2

1. *Streiche die falsch geschriebenen Wörter.*

bisweilen/bissweilen

Klasse/Klase

vergeßen/vergessen/vergesen

fleisig/fleißig

nachläsig/nachlässig

sich festigen/festigen

er hinterliess/hinterließ/hinterlies

äußerst/äuserst

gewiss/gewiß/gewis

schliesslich/schließlich

sie sassen/sasen/saßen

er musste/mußte

2. *Füge die richtigen s-Laute ein.*

Ein Lehrer hatte, was bi……weilen vorkommt, ständig Streit mit seiner Kla……e. Der tägliche Kleinkrieg um verge……ene Hau……aufgaben und die Ver……uche, be……ere Noten zu erstreiten, hinterlie…… seine Spuren. Eines Tages wurde es be……onders schlimm. Gewi……, die Schüler hatten nur äu……erst nachlä……ig die Hau……aufgaben erledigt, auch die Vokabeln sa……en nicht. Aber mu……te der Lehrer de……halb gleich so lo……poltern? „Wozu das alle……?", rief der Lehrer. „Ihr seid einfach zu dumm. Ihr seid ……ogar so dumm, da…… ihr nicht einmal zu einem Schaf ‚mäh!' ……agen könntet." Da…… lie…… sich die Kla……e nun doch nicht gefallen. Ein immer lauter werdendes „Mäh!" war ihre Antwort.

Tipp:
Schreibe nach langem Vokal **nie ss**, nach kurzem Vokal **nie ß**!

3. *ss oder ß?*

a) Er wu……te Bescheid und lie…… uns pa……ieren.

b) Gro……e Gewi……heit hatten wir nicht.

c) Sü……e Fruchtspie……e mit Schokoladenso……e sind lecker.

Test

3

Schreibe nach Diktat.
Achte auf stimmhafte und stimmlose s-Laute!

Der Hund und sein Spiegelbild (nach Äsop)

Mühsam hatte ein Hund ein Stück Fleisch an sich gerissen und rannte nun aus der Stadt, um es in Ruhe genießen zu können. Da kam er an einen Fluss, den er überqueren musste. Gerade als er das Ufer verlassen wollte, sah er im Wasser einen zweiten Hund, der ebenfalls ein großes Stück Fleisch trug. Gierig schnappte er nach seinem Spiegelbild und versuchte, diesem das Fleisch zu entreißen. Dabei ließ er sein eigenes Stück Fleisch los, und das schnell fließende Wasser riss es mit sich fort.

s-Laute

1

Der s-Laut stimmhaft – stimmlos

Man kann nicht immer entscheiden, ob das s stimmhaft gesprochen wird, vor allem, wenn es am Wortende oder vor einem Konsonanten steht.
Steht das s am Wortende, so erweitere das Wort (setze es beispielsweise in den Plural) und überprüfe, ob nun ein stimmhaftes s gesprochen wird.

Glas → Gläser, Gras → Gräser

Bei Verben kannst du den Infinitiv bilden.

Er löst auf → auflösen

2

1. *Bilde eine erweiterte Form und prüfe, ob der s-Laut stimmhaft ist.*

er bläs/ßt	blasen	er bläst
er fraß/s	fressen	er fraß
sie lies/ßt		
er vergiß/st		
Glaß/s	Gläser / Glaserei	Glas
Fuß/s		
Gleis/ß		
Kreiß/s		
Los/ß		
es tos/ßt		
er speis/ßt		
er grüß/st		
er brems/ßt		
Haus/ß		
Gleis/ß		

2. *Füge die richtigen s-Laute ein.*

Wir haben fa......t alle erfa......t, die ge......ehen haben, wa...... da pa......iert ist. – Sie wollte nicht lo......la......en, mu......te aber doch. – Er genie......t es, mit seinen Geno......en zu e......en.

Test

3

Ergänze die s-Laute.

Ameise und Grille (frei nach Äsop)

Der na......kalte Herbst war schon vorbei, und die ersten fro......tigen, aber ......onnigen Tage lockten die Tiere noch-mals aus ihren Ver......tecken. Auch die Grille sa...... im Gra...... und ......ah blinzelnd in die Sonne. Selbst die Amei......e lie...... ihre Arbeit im Bau kurz liegen und wagte sich herau....... Aber so ganz wollte sie doch nicht auf das Arbeiten verzichten. De......halb nahm sie ein Weizenkorn, welches im Regen na...... geworden war, mit, um es zum Trocknen au......zulegen. Als die Grille das Weizenkorn ......ah, verspürte sie einen Rie......enhun-ger. Sie hatte schon lange nichts mehr gege......en und besa...... keine Nahrungsvorräte. So bat sie die Amei......e, sie möge ihr doch das Weizenkorn überla......en. Diese aber fragte: „Warum hast du denn im Sommer nicht für dein E......en vorge......orgt?“ Da antwortete die Grille: „Du wei......t doch, da...... ich im Sommer mu......izieren mu....... Du hast dich doch damals auch an meiner Mu......ik erfreut, oder?“ „Un......inn!“, entgegnete die Amei......e. „Du hast rumgedudelt und ich mu......te arbeiten. Aber wenn du im ......ommer mu......iziert hast, so kannst du ja jetzt im Winter tanzen!“

s-Laute

1

Verben mit ß oder ss im Infinitiv

Wird bei einem Verb der Infinitiv mit ß geschrieben, so schreibt man

- die Formen mit langem Vokal mit ß:
  schließen → ich schließe,
- die Formen mit kurzem Vokal mit ss:
  schließen → ich schloss.

Gibt es von Verben mit ss im Infinitiv Formen mit langem Vokal (**wissen → ich weiß**), so wird nach langem Vokal ß geschrieben. Gleiches gilt für Verben mit tz: **sitzen → saß.**

2

1. *Ergänze die fehlende Form.*

beißen er biss

gießen ....

.... er zerriss

.... er schoss

schließen ....

.... er genoss

sitzen ....

.... er floss

sprießen ....

.... ich weiß

essen ....

.... er vergaß

lassen ....

fressen ....

2. *Bilde die fehlende Form.*

grüßen → er grüßte

büßen → er ....

.... → er stieß

vergessen → er ....

Test

Füge die richtigen s-Laute ein.

Jimmy sa...... als Auszubildender in der Buchhaltung. Rechnen gehörte zu seinen wichtigsten Tätigkeiten. Sein Rechnen allerdings führte zu immer neuen Ergebni......en. Da...... konnte mit Sicherheit nicht an den Zahlen liegen. Die......e waren immer die......elben. Den Oberbuchhalter ärgerte besonder......, da...... Jimmy mit stets neuen Ergebni......en den Stand der Portoka......e angab. Jimmy lie...... das mehr oder weniger kalt. Aber er wollte doch selbst wi......en, wieviel nun tatsächlich beim Abschlu...... in der Kasse sein sollte. So sa...... er den ganzen Nachmittag an seinem Platz und rechnete ganz verbi......en. Das fiel ......ogar dem Oberbuchhalter auf. Da...... gab es nur ganz ......elten, da...... Jimmy so inten......iv arbeitete. Als er dann wi......en wollte, wa...... Jimmy denn da rechne, erhielt er als Antwort: „Ich könnte mich zerrei......en. Schon zehnmal habe ich das hier kontrolliert!" „Flei......ig, flei......ig!", lobte der Buchhalter. „Es wird aber auch höchste Zeit, dass du gewi......enhaft nachrechnest. Was ist denn nun bei deiner so gewi......enhaften Kontrolle herau......gekommen?" „Ich wei...... das nicht so genau. Wollen Sie alle zehn Ergebni......e wi......en?", fragte Jimmy.

s-Laute

1

das – dass

Das und dass werden völlig gleich ausgesprochen, beide haben einen kurzen Vokal. In ihrer Funktion und in der Schreibung unterscheiden sie sich:
Das als Artikel, als Relativpronomen oder als Demonstrativpronomen wird mit einfachem s geschrieben.
Probe:

- Das als Artikel kann man durch ein ersetzen.
- Das als Demonstrativpronomen kann man durch dieses ersetzen.
- Das als Relativpronomen kann man durch welches ersetzen.

Merke also: Kann man das durch ein oder dieses oder welches ersetzen, so schreibt man es mit einfachem s.
Die Konjunktion dass lässt sich nicht ersetzen. Man schreibt sie mit ss.

2

1. *Füge in den folgenden Text **dass** oder **das** ein. Mache immer erst die Probe.*

Ärger in der Mannschaft

„............... Schlimmste," erklärte Tommy, „............... du uns antun konntest, ... hast du uns angetan. .... du uns hast hängen lassen, ... scheint dir wenig ausgemacht zu haben. Deine Verspätungen und .... ständige Suchen nach Ausreden, ... alles haben wir ja noch hingenommen. .... aber nehmen wir dir übel, ... du überall herumerzählst, wir würden nicht richtig trainieren. .... einzige, ... du behaupten kannst, ist doch, ... einer aus unserer Mannschaft nur sehr nachlässig trainiert. Und der bist du. Wir nehmen an, ... du nicht mehr zur Mannschaft gehören willst."

2. *Füge die richtigen s-Laute ein.*

a) Da...... wollte ich schon immer sagen, da...... mir da......
mi...... fällt.

b) Du wei......t, da...... da...... verboten ist.

c) Da...... da...... nicht geht, da...... hättest du früher sagen können.

Test

3

Schreibe nach Diktat.

Kunstfehler

Ein berühmter Maler, dessen Erzeugnisse schon zu seinen Lebzeiten in fast allen Museen ausgestellt waren, hatte einmal einen Arzt als Kunden, der sich malen lassen wollte. Der Arzt war sehr ungeduldig und wollte schon nach der dritten Sitzung das fast fertige Bildnis mitnehmen. Der Künstler ließ das allerdings nicht zu und bestand darauf, dass noch mindestens zwei weitere Sitzungen stattfanden, um das Ergebnis der Arbeit zu vervollkommnen. Der Arzt meinte allerdings: „Das können Sie doch so. Da brauche ich nicht nochmals herzukommen." Da wurde der Maler fuchsteufelswild und brauste auf: „Sehr verehrter Herr Doktor! Sie wissen wohl nicht, dass die Ergebnisse unserer Arbeit doch sehr verschieden sind. Ich kann mir nicht den geringsten Fehler leisten! Wenn Sie einen Fehler machen, spricht man von einem Kunstfehler und die Geschichte ist bald vergessen. Der Tote wird begraben(,) und bald erinnert sich keiner mehr des Ereignisses. Wenn ich aber Fehler mache, dann werden die Ergebnisse trotzdem aufgehängt und noch Jahrhunderte später kann sich jedermann das Maul zerreißen und sich über mich lustig machen."

s-Laute

1

Schreibung des s-Lautes im Wortinnern und am Wortende

Im Wortinnern **nach langem Vokal** wird ein **einfaches s** geschrieben, wenn der **s-Laut stimmhaft** gesprochen wird.

brausen, riesig, emsig, rasen

Wird der **s-Laut scharf** und **stimmlos** gesprochen, so schreibt man nach **langem** Vokal **ß**.

Gruß, Füße, schließen

Nach **kurzem** Vokal schreibt man **ss**.

Schluss, Schüssel, passt

Das **Genitiv-s** wird als **einfaches s** geschrieben.

Vaters Hut, Monikas Schuhe

2

1. *Ergänze s, ss oder ß*

Rudern oder schwimmen?

Irgendwo hört für jeden der Spa...... auf. Berni wollte sich keine Blö......e geben, aber er war doch nicht so waghal......ig , da...... er diesen ma......los unsinnigen Unfug auch noch mitmachte. Da konnte doch zu viel pa......ieren. Mit dem Ruderboot auf den Rhein rau...... und keiner konnte richtig rudern! Wie schnell unterlief dem einen oder anderen ein Mi......geschick, und schon waren alle na....... Deshalb blieb er zurück und lie...... die andern allein weitergehen, allerdings nicht, ohne sie eindringlich auf die Gefahren hingewie......en zu haben, auf die sie demnächst sto......en würden. Keiner hörte auf ihn. Sie waren schon am Flu......ufer und setzten gerade das Boot ins Wa......er. Zum Glück für alle mi......lang schon das Einsteigen, die Skulls waren nicht richtig eingehängt, das Boot kenterte und schwamm im stark flie......enden Wasser davon – ohne die Möchtegernruderer.

2. *Streiche die falsch geschriebenen Wörter.*

lösen/lößen; **Lesung/Leßung**; **lästig/läßtig**; er **ließt/liest**; er **läßt/ lässt**; **passabel/paßabel**; **raßen/rasen**; **schließlich/schlieslich**

Test

3

Füge richtig ein.

Roms erste Stadtmauer

Romulus und Remus gelten als die Gründer Rom......

Dabei gab es zunächst grö......ere Schwierigkeiten. Nur mit gro......er Mühe hatten sie die ersten ......iedler dazu gebracht, sich in dem mora......tigen Gelände am Tiber niederzula......en. Aber dann begannen erst die wirklichen Probleme.

Die ......iedlung war zu un......icher. Schon ein paar Bewaffnete konnten es ri......kieren, die ......iedlung zu überfallen. Remus wie...... seinen Bruder mit Nachdruck auf die......e Situation hin. Da spannte Romulus zwei Ochsen vor einen Pflug und pflügte eine Furche rund um die ......iedlung. „Seht hier! Das ist Rom...... erste Stadtmauer!“ Remus aber lachte ihn au....... „Wer soll denn solche eine Furche schon respektieren? Das wird doch jeder mi......achten!“, spottete er und hüpfte über die frisch gepflügte „Mauer“. Romulus wurde ......auer, ergriff einen Knüppel und erschlug Remus. „Da...... wird jedem geschehen, der die Grenzen Roms nicht re......pektiert!", sagte er.

s-Laute

1

Der s-Laut bei Verben

Verben mit stimmlosem s-Laut nach langem Vokal schreibt man mit ß.

schließen, verdrießen, gießen

Gibt es Formen dieser Verben mit kurzem Vokal, so schreibt man ss.

geschlossen, verdrossen, gegossen

Verben mit kurzem Vokal und s-Laut:

- Verben mit stimmlosem s-Laut nach kurzem Vokal schreibt man mit ss.

  messen, vergessen, lassen

- Gibt es von diesen Verben Formen mit dem s-Laut nach langem Vokal, so schreibt man ß.

  maß, vergaß, ließ

2

1. *Ergänze die fehlenden Formen.*

sie ließen	lassen
er weiß	
er musste	
er entschloss sich	
	eingießen
	genießen
er ließ	
wir	verlassen
sie	schließen
wir vergossen Tränen	
es verdross ihn	

2. *Recherchiere in welchen Ländern deutschsprachige Texte nach amtlicher Rechtschreibung ganz ohne ß auskommen müssen.*

....

Test

3

Ergänze die fehlenden s-Laute.

Kaiser Karl V. litt eines Tage...... unter einer sehr schmerzhaften Krankheit. Seine Hofärzte lie......en ihn zwar zur Ader, aber keiner konnte ihm helfen, und so mu......te der berühmte Paracelsus kommen, dessen umfa......enden Kenntni......e schon vielen Soldaten geholfen hatten. Paracelsus unter......uchte den Kaiser und entschlo...... sich dann, ihm eine Medizin zu mischen, deren Zusammensetzung er niemandem verriet. Während der Kaiser die Medizin eingo...... und begann, sie zu schlucken, verlie...... ihn Paracelsus. Keiner wu......te, wohin er ging, und da...... war sein Glück. Denn kaum hatte der Patient von der Medizin geno......en, stellten sich grä......liche Schmerzen ein und man glaubte, er sei vergiftet worden. Man suchte den Arzt und wollte ihn aufhängen oder er......äufen. Paracelsus aber war nirgend.... zu finden. Nach wenigen Tagen war Karl von seiner Krankheit gene......en, und Paracelsus lie...... sich wieder sehen. Der Kaiser sagte zu ihm: „Gut, da...... Ihr so schnell verschwunden wart. Ich hätte euch aufhängen la......en!" „Ich wei......", antwortete Paracelsus. „Aber ich wu......te auch, da...... eurer Krankheit nur mit der bitteren Medizin beizukommen war. De......halb bin ich verschwunden. Und mit der Bezahlung konnte ich bis zu Eurer Gene......ung warten."

s-Laute

1

Zusammenfassung: s-Laute

Am Wortanfang schreibt man ein einfaches s.
Den stimmhaften s-Laut schreibt man als s.
Den stimmlosen s-Laut schreibt man

- nach kurzem Vokal am Wortende oder vor einem Konsonanten als einfaches s oder als ss,
- als Bildungselement des Genitivs,
- nach langem Vokal am Wortende oder vor einem Konsonanten mit ß,
- nach langem Vokal vor einem Konsonanten mit ß oder s.

2

1. *Streiche die falsch geschriebenen Wörter.*

er **lies / ließ**; **äuserst / äußerst** skeptisch; **achtloß / achtlos**; **Bedürfnise / Bedürfnisse**; **Blöse / Blöße**; **Faß / Fass / Fas**; Alexander der **Grose / Große**; Er kann nicht **fasen / fassen**, **dass / das** ...; **zurückweisen / zurückweißen**; **großzügig / groszügig**; er **sass / saß / sas**; **erweißen / erweisen**; **misachten / missachten**; **verdrieslich / verdrießlich**

2. *Bei den Nomen auf* **-nis** *werden einige Formen mit* **s**, *einige mit* **ss** *geschrieben. Recherchiere, welche Formen mit* **ss** *geschrieben werden.*

....

....

3. *Notiere die 1. Pers. Sg. Präteritum zu*

lassen → ...., vergessen → ....,

sitzen → ...., schießen → ....,

schließen → ....

4. *Füge den s-Laut ein.*

Er verlie...... sich darauf, da...... alles gewi......enhaft geprüft war. – Wir wu......ten, wir durften uns keine Blö......e geben und schlo......en uns de......halb der gro......en Mehrheit an.

Test

3

Schreibe nach Diktat.

Diogenes und Alexander

Diogenes ließ sich nicht von Reichtum beeindrucken und war Geschenken gegenüber äußerst skeptisch. Achtlos ließ er manche Geschenke einfach liegen, denn ihm war jeder Schenkende suspekt, da dieser möglicherweise eine Gegenleistung erwartete. Seine Bedürfnisse hatte er möglichst weit zurückgeschraubt. Auf Kleidung verzichtete er weitgehend und bedeckte nur seine Blöße. Er lebte, um zu zeigen, wie wenig er brauchte, in einem Fass.

Alexander der Große hörte von diesem Sonderling. Er konnte es nicht fassen, dass jemand so einfältig sei, ein Geschenk zurückzuweisen, sicher müsste es nur entsprechend großzügig sein. Er ging zu Diogenes, der gerade vor seinem Fass in der Sonne saß. Alexander sprach zu ihm: „Du lebst so ganz ohne Luxus. Wahrscheinlich kannst du ihn dir nicht leisten." Er trat näher, sodass (auch: so dass) sein Schatten auf die Gestalt am Boden fiel. „Ich möchte dir einen Gefallen erweisen. Äußere einen Wunsch und ich werde ihn nicht missachten." Verdrießlich wandte sich Diogenes zur Seite und knurrte unwillig: „Geh mir aus der Sonne!" Alexander war von diesem Erlebnis mächtig beeindruckt und rief aus: „Wäre ich nicht Alexander, ich möchte gewiss Diogenes sein."

7. Zusammen- und Getrenntschreibung

1

Wortgruppen und Wortzusammensetzungen

Wortgruppen: Einzelne Wörter werden zu einem neuen Ausdruck zusammengefügt. Die Verbindung ist allerdings nicht so eng. Es entsteht kein ganz neues Wort, aber doch eine neue Bedeutung. Solche Wortgruppen werden meist getrennt geschrieben.

Rotes Kreuz, Erste Hilfe

Wortzusammensetzungen: In der deutschen Sprache gibt es die Möglichkeit, aus zwei Wörtern ein neues Wort zu bilden. Dabei stellt das zweite Wort der neuen Fügung das **Grundwort** dar, während das erste Wort eine nähere Bestimmung liefert. Das neu entstehende Wort wird zusammengeschrieben.

Heimat + Museum → Heimatmuseum

Grundwort: „Museum“, nähert bestimmt durch „Heimat“. Es handelt sich also um ein Museum, das Gegenstände bewahrt, die aus der Heimat stammen.

1. *Bilde aus den Wörtern neue Begriffe. Verbinde Passendes. Schreibe anschließend die neuen Wörter in dein Heft.*

Tasche	Gestell
Bett	Kreuzung
Winter	Koppel
Bad	Zeit
Spiel	Wanne
Weg	Tuch
Pferd	Sohle
Hund	Band
Arm	Platz
Schuh	Leine

2. *Erläutere die Wortzusammensetzungen:*

Begriff	Grundwort	Erläuterung
Scheibenwischer	Wischer	wischt die Scheiben
Staubsauger		
Arbeitspause		
Wegweiser		
Tintenkiller		
Radiergummi		

Test

3

Schreibe nach Diktat.

Die Verwendung von Fichtenholz

Fichtenholz ist äußerst vielseitig verwendbar. Es kann als Rundholz, Schnittholz oder Brettschichtholz in den Handel kommen. In Deutschland ist es das meistverwendete Bauholz. Dachträgerwerke und Konstruktionen aller Art werden aus Fichtenholz hergestellt. Auch beim Brückenbau, im Bergbau und beim Gerüstbau findet es Verwendung. Im Wohnungsbau werden Decken, Treppen, Fenster, Fußböden und Ähnliches aus Fichtenholz gefertigt. Auch für Gartenzäune und Pergolen kann man es nutzen. In der Palettenherstellung und in der Kistenfabrikation spielt das Fichtenholz eine wichtige Rolle. Es wird auch für die Herstellung von Tischlerplatten und Spanplatten eingesetzt. Nicht zuletzt braucht man es auch bei der Zellstoffherstellung und bei der Papierfabrikation. Ganz besondere, im Gebirge langsam gewachsene Fichten liefern das Klangholz für den Instrumentenbau.

Zusammen- und Getrenntschreibung

1

Trennbare und untrennbare Verbindungen mit Verben

Verben können mit bestimmten anderen Wortarten sowohl **trennbare Verbindungen** als auch **untrennbare Verbindungen** eingehen.

Untrennbare Verbindungen sind Verbindungen, die nie auseinandergenommen werden dürfen.

schlafwandeln, unterliegen (im Sinn von: verlieren)

Die trennbaren Verbindungen können in bestimmten Fällen aufgelöst werden, sodass die einzelnen Wortteile voneinander getrennt werden.

auffallen → Ich falle auf

In trennbaren Verbindungen können zum Beispiel Präpositionen **(auf-**, **vor- gegenüber-**) und Adverbien (**hin-**, **voraus-**, **hoch-**, **nach- ...**) mit dem Verb verbunden sein.

2

1. *Zusammen oder getrennt?*
Füge die richtige Version in den Text ein.

an+brennen, auf+fallen, unter+liegen, hintan+stellen, auf+leben, hoch+leben, fällt+auf, voraus+eilen, gegenüber+stellen, voraus+schauen, vorweg+nehmen, über+treiben

Freunde?

Sicherlich kennst du die angeblichen Freunde, die immer die Besten sein wollen. Sie lassen nichts .... und wollen überall als Helden .... Sie können nicht .... Ihre eigenen Wünsche können sie kaum .... Sie können erst ...., wenn sie von allen beachtet werden und im Vordergrund stehen. Am liebsten würden sie sich selbst ständig .... lassen. Es ...., dass sie bei einer gemeinsamen

Arbeit immer .... und die ersten sein wollen, sie lassen sich nicht gerne andern .... In vielen Situationen kann man .... und ihr Verhalten ...., da sie es immer wieder ....

2. *Trennbar oder untrennbar?*

übergehen – Bei Erwärmung .... Wasser in Dampf .... Bei der Siegerehrung .... sie ihn mit voller Absicht ....

Test

3

Verwende Verben aus dem Wortvorrat.

aufregen – entgegenkommen – aufhalten – ausreißen – sich herausstellen – ausbüxen – zurückkommen

Gestern .... sich viele Wanderer am Waldrand von K. .... Ihnen .... plötzlich vier kleine Zebras ....

Als ein Wanderer versuchte, sie ...., ... die kleine Herde ....

Es .... sich später ...., dass die kleinen Kerle im städtischen Tiergehege .... waren Offensichtlich gefiel es ihnen in der Freiheit, denn sie waren zunächst nicht dazu zu bewegen, freiwillig ....

Zusammen- und Getrenntschreibung

1

Vorsicht vor Verwechslungen!

Zusammensetzungen mit Verben können gelegentlich aus denselben oder ähnlichen Wörtern bestehen wie getrennt geschriebene Wortgruppen.

Der Angeklagte wurde freigesprochen. Der Verteidiger kann gut frei sprechen (= ohne vom Manuskript abzulesen).

Bei den Zusammensetzungen aus Adjektiv **(frei)** und Verb **(sprechen = freisprechen)** ist das Adjektiv meist stärker betont als das Verb. Bei den entsprechenden Wortgruppen sind beide Bestandteile etwa gleich betont **(frei sprechen)**.

2

1. *Entscheide: Zusammen oder getrennt?*

a) Ich habe den Film gestern gesehen. Ich werde ihn heute **wieder sehen/wiedersehen**.

b) Wir lebten lange getrennt. Morgen werden wir uns **wieder sehen/wiedersehen**.

c) Er glaubt, das der Ärger **davon kommt/davonkommt**, dass er sich nicht richtig vorbereitet hat.

d) Er glaubt, er werde auch ohne Vorbereitung **davon kommen/davonkommen**.

2. *Und nochmals ist deine Entscheidung gefragt.*

a) Als der Fremde ins Zimmer kam, waren alle **sitzengeblieben/sitzen geblieben**.

b) Peter hatte Pech, er war im vergangenen Schuljahr **sitzengeblieben/sitzen geblieben**.

c) Der Chef hatte den Pensionär **wiederholt/wieder geholt**.

d) Er hat die Klasse **wiederholt/wieder geholt**.

e) Er hat an der Versammlung **teilgenommen/Teil genommen.**

f) Beim Verteilen hat er seinen **teilgenommen/Teil genommen**.

Test

3

Zusammen oder getrennt? Trage die richtige Version ein.

davon – kommen, davon – kommen, rückwärts – gehen, gegenüber – stehen, wieder – sehen, zusammen – geblieben, davon – kommen, wieder – sehen

Werde ich noch einmal ....? Das fragte sich Kalle. „Das kann ja nur ...., dass ich nicht richtig aufgepasst habe", dachte Kalle. Der Meisterdetektiv war stinksauer. Er wollte dem schlafenden Verdächtigen einen Fingerabdruck abnehmen. Kalle musste im Dunkeln ein paar Schritte ...., dabei stolperte er über einen Blumentopf. Dies machte einen gehörigen Lärm. Der seltsame Verdächtige wurde natürlich sofort wach. In wenigen Sekunden würde er ihm .... Tatsächlich stand der Fremde plötzlich mit einem Revolver im Zimmer. „Wer da?", rief er mit eiskalter Stimme. Kalles Ärger wurde nun von einer großen Angst abgelöst, denn im Mondlicht konnte er die Waffe .... Er wäre besser mit seinen Freunden im Café .... Ist der Mann denn wirklich ein Verbrecher? Was wird er mit ihm anstellen? Wird Kalle noch einmal .... und seine Eltern ....? Antworten auf diese Fragen gibt es im Roman „Meisterdetektiv Kalle Blomquist".

Zusammen- und Getrenntschreibung

1

Verbindung Adjektiv – Verb

Treten Adjektive zu Verben, so machen sie deutlicher, was das Verb bedeutet.

Solche Verbindungen werden in der Regel getrennt geschrieben.
Er rennt schnell. Peter lernt gut.
Du wirst lernen, dass in diesen Fällen das Adjektiv adverbial verwendet wird.

Charakterisiert das Adjektiv das Ergebnis der Handlung bzw. des Geschehens, so kann man sowohl getrennt als auch zusammenschreiben.
sauber machen oder saubermachen, kaputtmachen oder kaputt machen, klein schneiden oder kleinschneiden

Wird das Adjektiv gesteigert oder durch ein weiteres Wort näher bestimmt, so wird immer getrennt geschrieben.
kleiner schneiden, ganz neu machen

Wenn aus der Verbindung Adjektiv – Verb ein Wort mit neuer Bedeutung entsteht, wird zusammengeschrieben.
lahmlegen, feststellen, klarstellen, weißmachen, schwarzarbeiten

2

1. *Streiche Falsches.*

a) Man kann fest **stellen/feststellen**, dass Stromausfälle den gesamten Straßenverkehr lahm **legen/lahmlegen** können.
b) Karin wollte **klarstellen/klar** stellen, dass sie das Amt nicht **fortführen/fort** führen wollte.
c) Georg konnte nicht spielen. Er musste sein Zimmer **sauber machen/saubermachen**.
d) Ali hatte sein Fahrrad **schmutzig gemacht/schmutziggemacht** und wollte es nun **blank putzen/blankputzen**.
e) Kübra wird sich morgen **frei nehmen/freinehmen.**
f) Roger hat sich **krank gelacht/krankgelacht**, als er von den Reinfällen seiner Freunde hörte.

2. *Nimm eine Zeitung, eine Zeitschrift, ein Comic-Heft oder ein Buch zur Hand und suche darin nach Verbindungen aus Adjektiv und Verb.*

Tipp:
In vielen Zweifelsfällen kann man getrennt oder zusammenschreiben.
Adjektive auf **-ig**, **-isch**, **-lich** werden von einem folgenden Verb aber meist getrennt.

Test

3

Schreibe nach Diktat.

Hast du auch eine kleine Schwester oder einen kleinen Bruder, über die du dich manchmal schwarzärgern könntest? Meine Eltern wollen mir immer wieder weißmachen, dass es ohne meine Schwester viel langweiliger wäre und es mir gar nicht so leichtfallen würde, auf sie zu verzichten. Ich kann dann kaum ruhig bleiben und warte noch darauf, dass sie die Nervensäge heiligsprechen. Nur weil sie kleiner ist, darf sie alles. Sie muss nicht aufräumen und darf in Mamas und Papas Bett. Wenn sie einen Wunsch kundtut, wird er sofort erfüllt. Meist entscheidet sie auch, was wir fernsehen. Ich kann das nicht mehr lustig finden. Es wird mir wohl nie leichtfallen, mich unterzuordnen.

Tipp:
Wenn du unsicher bist, so bilde Mustersätze. Das hilft oft weiter, da du so oftmals erkennen kannst, ob im Zweifelsfall eine „eigene Gesamtbedeutung“ vorliegt.

Zusammen- und Getrenntschreibung

1

Verbindungen aus Verben und Verben

Verbindungen aus **zwei Verben** werden **meist getrennt** geschrieben.
Das erste Verb steht im Infinitiv, das zweite zeigt die flektierte Form (Personalform). Im Satz steht die flektierte Form vor dem Infinitiv.

lesen lernen → Er lernt lesen.

Verbindungen mit **bleiben** und **lassen** als zweitem Bestandteil dürfen bei **übertragener Bedeutung** auch **zusammengeschrieben** werden.

Klaus will dieses Schuljahr nicht sitzenbleiben. Er hat uns links liegengelassen.

Werden solche Verbindungen **substantiviert** (nominalisiert), so werden sie **immer zusamengeschrieben**.

Das Sitzenbleiben kann recht heilsam sein.

Bei der Verbindung aus **kennen** und **lernen** ist sowohl die Getrennt- als auch die Zusammenschreibung möglich.

2

1. *Stelle aus den Verben Verbindungen her und notiere dazu die Nominalisierungen.*

laufen	bleiben
stehen	lernen
sprechen	müssen
schwimmen	gehen
sehen	lassen
gehen	können

Verbindung	Substantivierung
laufen lernen	das Laufenlernen

Tipp:
Ist der **erste Teil** einer Verb-Verb-Fügung ein **Partizip**, so wird meist **getrennt** geschrieben.
getrennt schreiben, entspannt bleiben

Aber: **Substantivierungen (Nominalisierungen)** werden **zusammengeschrieben**.
die Getrenntschreibung, das Entspanntbleiben

2. *Nimm eine Zeitung, eine Zeitschrift, ein Comic-Heft oder ein Buch zur Hand und suche Verbindungen aus Verb und Verb.*

3. *Schreibe in dein Heft Substantivierungen von drei deiner „Fundstücke“ aus Aufgabe 2.*

Test

3

Schreibe nach Diktat.

Klaus hat dazugelernt

Klaus hatte einsehen müssen, dass das Verlierenkönnen erst einmal gelernt werden muss. Aber er lernte schnell. Als er am Ende des letzten Schuljahres sitzenblieb, hatte er schnell begriffen, dass er nun täglich etwas länger am Schreibtisch sitzen bleiben und lernen musste. Im Sommer konnte er seltener schwimmen gehen, dafür hatte er Vokabeln lernen müssen und die Erfahrung gemacht, dass es beruhigend ist, keine Angst vor dem Erwischtwerden haben zu müssen. Als sich dann erste Erfolge einstellten, durfte er auch das Gefühl kennenlernen (auch: kennen lernen), endlich auch einmal sich mit einer Leistung sehen lassen (auch: sehenlassen) zu können. Jetzt wird er auch einsehen müssen, dass er nicht stehen bleiben darf. Denn ein Stehenbleiben wäre wohl wieder der Beginn des Rückwärtsgehens.

Zusammen- und Getrenntschreibung

1

Verbindungen mit Adjektiven, Partizipien und Substantiven

Zusammensetzungen mit einem **Substantiv** als erstem Bestandteil werden **zusammengeschrieben**, wenn sie eine **Verkürzung einer sogenannten Wortgruppe** darstellen. Würde man die Wörter nicht zusammenschreiben, entstünde eine Wortgruppe, bei der ein Artikel oder eine Präposition ergänzt werden müsste.

sonnenverwöhnt, Wortgruppe: von der Sonne verwöhnt

2

1. *Formuliere in eine verkürzte Wortgruppe um – also in ein zusammengeschriebenes Wort.*

von Angst erfüllt	angsterfüllt
arm an Sonne	....
reich an Segen	....
vor Freude strahlend	....
süß wie Zucker	....
vom Stress geplagt	....
voll von Glück	....
erfahren im Umgang mit Reisen	....
in der Werbung wirksam	....

2. *Setze geeignete Wörter der Liste von Aufgabe 1 in den Text ein.*

Urlaubsplanung

Viele Leute wollen im Urlaub dem .... Alltag entfliehen. Sie möchten den .... Gebieten Deutschlands den Rücken kehren und eine .... und .... Urlaubszeit im Süden verbringen. Dabei verlassen sie sich bei ihrer Planung oft auf Reiseunternehmen, die ihnen nicht nur geeignete Zielorte anbieten, sondern auch .... Begleitpersonen mitschicken, die als Sprachbegleiter zur Verfügung stehen. Daneben werden auch Unterhaltungsprogramme angeboten. Wenn dann .... Kunden aus dem Urlaub zurückkommen, ist das die .... Reklame für die Reiseveranstalter.

3. *Löse die Verbindungen auf.*

butterweich ....

angsterfüllt ....

ruhmreich ....

werbewirksam ....

Test

3

Zusammen oder getrennt?
Wenn beides möglich ist, schreibe beides in die rechte Spalte.

sehen – lassen	
stehen – bleiben	
Berg – steigen	
liegen – lassen	
fahren – lernen	
fest – stellen	
lahm – legen	
sauber – machen	

Zusammen- und Getrenntschreibung

1

Trennbare und untrennbare Verbindungen mit Verben

Siehe die Regel Seite 118.

2

1. *Markiere die richtige Schreibweise.*

a) Er will sich auf dieses Wagnis **ein lassen/einlassen**.
b) Morgen muss sich Lena **ausruhen/aus ruhen**.
c) Es kann **nahe liegen/naheliegen**, sich mit diesem Thema zu beschäftigen.
d) Er will in das Schloss **hinein schauen/hineinschauen**.

2. *Trage die folgenden Wörter in eine der Spalten ein.*

unterfordern; anstehen; überfordern; auffallen; hintanstellen; unterliegen; übertreiben; vorausschauen; vorwegnehmen; anbrennen; unterscheiden; ausruhen; überbrücken; zurücknehmen; feststellen; übergehen; fernsehen; mitführen.

Trennbare Verbindung	Untrennbare Verbindung
anstehen, es steht an	unterfordern, er ist unterfordert

2

3. *Trennbar oder untrennbar?*

a) Während des starken Regens (unterstellen) .... wir uns in einer Hütte ....

b) Ihr (unterstellen) .... uns .... , wir würden simulieren

Test

3

Schreibe nach Diktat.

Wozu eine Reha-Klinik?

Ab und zu hört man, dass sich jemand in einer Reha-Klink aufhält. Dies ist oft nach einer schwierigen Behandlung in einem Krankenhaus notwendig, wenn die endgültige Entlassung noch eine Weile hintangestellt werden muss. Was ist aber eigentlich eine Reha-Klinik? Die Abkürzung Reha steht für das Fachwort Rehabilitation. Dies lässt sich mit den deutschen Umschreibungen Wiederherstellung und Erholung wiedergeben. Ein Aufenthalt in einer Reha-Klinik hat also die Aufgabe, die Gesundheit des Patienten wiederherzustellen. Dies geschieht durch eine Art Kur, auf die sich der Patient einlassen muss. Nach einem genau abgestimmten und ausgerechneten Plan kann er sich abwechselnd ausruhen und medizinischen Anwendungen unterziehen. So können etwa sportliche Betätigungen und Massagen nebeneinanderstehen, wenn dies zum Krankheitsbild des Patienten passt. Eventuell wird die physische Therapie auch durch eine psychologische Unterstützung ergänzt. Dies kann zum Beispiel naheliegen, wenn sich der Patient mit einer langfristigen Krankheit auseinandersetzen muss. Hoffentlich musst du noch lange nicht selbst in eine Reha-Klinik und kannst erst einmal als Besucher hineinschauen.

Zusammen- und Getrenntschreibung

1

Verbindungen mit Adjektiven, Partizipien und Substantiven

Zusammensetzungen aus gleichrangigen Adjektiven werden zusammengeschrieben.

grüngelb, schwarzweiß

Aus Gründen der besseren Lesbarkeit darf mit Bindestrich geschrieben werden. Wenn das erste Adjektiv mit **-ig**, **-isch** oder **-lich** endet, ist dies besonders üblich.

die blau-weiß-rote Flagge,
mathematisch-naturwissenschaftlich

Die Schreibung von Partizipien richtet sich nach der Schreibung der zugrunde liegenden Verben.
Meist ist Getrennt- und Zusammenschreibung richtig.

getrennt geschrieben oder **getrenntgeschrieben**

Zusammensetzungen mit einem Substantiv als erstem Bestandteil werden zusammengeschrieben, wenn sie eine Verkürzung einer Wortgruppe darstellen. Man erkennt dies daran, dass ein Artikel oder eine Präposition eingespart wird.

vom Kummer geplagt → kummergeplagt

2

1. *Entscheide: Zusammen oder getrennt?*

Wir wollen (spazieren – gehen) ....

Morgen gehen wir (Schlittschuh – laufen) ....

Das wird euch noch (leid – tun) ....

Sein Vater wird uns (heim – bringen) ....

Kira lernt (Klavier – spielen) ....

2. *Zusammen oder getrennt?*

(Schmerz – geplagt) .... humpelte er weg.

Er klatschte (Freude – strahlend) .... in die Hände.

3. *Stelle die Verbindung her und setze ein.*

Eine (rot, grün, gelb) .... Koalition bezeichnet man auch als „Ampelkoalition“.

Der (weiß, blau) .... Himmel über Bayern spiegelt sich in den Landesfarben.

(vor Freude strahlend) .... nahm sie den Preis entgegen.

Test

3

Schreibe als Diktat.

Ein greiser Liebhaber

Der Dichter Goethe, der auch für seine nicht immer ruhmreichen Liebschaften bekannt ist, wurde hinsichtlich seiner Flirtkunst niemals altersschwach. So verliebte sich der weltgewandte 73-Jährige während eines Aufenthaltes in Bad Marienbad in die 17-jährige Ulrike von Levetzow. Er machte ihr sogar einen bitterernsten Heiratsantrag, welcher von dieser entscheidungssicher abgelehnt wurde. Der anlehnungsbedürftige und kummergeplagte Dichter wurde daraufhin so traurig, dass er ein langes Gedicht über sein Leid verfasste. Das Gedicht trägt den Titel „Marienbader Elegie“. Ulrike von Levetzow, die halboffiziell als die letzte große Liebe Goethes gilt, leugnete die Beziehung zu dem schreibgewandten Prominenten immer wieder. Bis ins hohe Alter gab sie selbstbewusst an, mit Goethe lediglich befreundet gewesen zu sein. Heiraten wollte sie grundsätzlich nicht. Der deutsche Schriftsteller Martin Walser verarbeitete das Geschehen in Marienbad publikumswirksam in seinem Roman „Ein liebender Mann".

8. Schreibung von Fremdwörtern

1

Fremdwörter aus der griechischen Sprache

Die deutsche Sprache enthält viele Fremdwörter griechischen Ursprungs. Vor allem in der Fachsprache vieler Wissenschaften werden griechische Fachbegriffe verwendet.
Typische Kennzeichen der Fremdwörter, die aus dem Griechischen stammen, sind die Schreibungen ph für den f-Laut und th für den Laut t.

Kennzeichen für Wörter aus dem Griechischen:

- der Buchstabe y
  Lyrik, System, Pyramide, Xylophon
- die Buchstabenkombination ch am Wortanfang
  Chor, Chemie, Chaos, Charakter
- die Buchstabenkombination -ik am Wortende
  Hektik, Methodik, Optik, Plastik, Musik
- die Buchstabenkombination ph
  Philosophie, Photografie, Graphik, Strophe
  In vielen Fällen ist eine angepasste Schreibung möglich.
  Fotografie, Grafik ...
- die Buchstabenkombination rh
  Rhythmus, Rhinozeros, Katarrh
- die Buchstabenkombination th
  Theorie, Thema, Rhythmus, Labyrinth
- die Buchstabenkombination ie am Wortende (gesprochen i; Wörter können auch aus dem Lateinischen oder Französischen kommen.)
  Akademie, Melodie, Sinfonie, Demokratie, Zoologie

2

1. *Welches Fremdwort ist da gesucht?*

Irrgarten: ....

Nashorn: ....

völliges Durcheinander, Unordnung: ....

Gruppe, die Lieder singt: ....

Fiebermessgerät: ....

Zuneigung: ....

2. *Schreibe die Wörter nach ihrer Schreibung (**th**, **ph**, **y** oder **rh**) geordnet in dein Heft.*

Typ – Katastrophe – Strophe – Ethik – Thema – Symbol – Orthographie – Theater – Apotheke – System – Bibliothek – Anonymität – Assyrien – Synthese – Thermometer – Prophet – Leichtathletik – Triumph – Phase – Dynamik – Analyse – Rheuma – Lyrik – Paragraph – Rhythmus – Atmosphäre – Theorie – Sympathie – Asphalt – Thermalbad

Test

3

Schreibe nach Diktat.

Im Urlaub ist das Wetter eines der zentralen Themen. Das Thermometer bestimmt schon fast das Wohlbefinden. Eine solche Philosophie freilich kann dazu führen, dass der Urlaub statt zur Erholung eher zur Katastrophe wird. Dabei könnte man mit einfachen Mitteln dieser Tragödie entgehen. Warum nicht einmal ein Besuch im Thermalbad? Vielleicht nutzt man auch die Zeit für ein ausführliches Telefonat mit sympathischen Menschen. Man könnte sogar einem verregneten Urlaub einen ganz eigenen Rhythmus geben, wenn man Phasen der extremen Ruhe konsequent wechseln lässt mit Phasen, in denen typische Regenaktivitäten wie zum Beispiel ein Besuch im Museum oder auch in einer Diskothek im Vordergrund stehen. Man braucht kein Prophet zu sein, wenn man vorhersagt, dass ein solcher systematisch durchgeplanter Urlaub für Körper und Psyche einen großen therapeutischen Wert darstellt.

Schreibung von Fremdwörtern

1

Fremdwörter lateinischen und italienischen Ursprungs

Viele Wörter aus dem Bereich Bildung/Wissenschaft stammen aus dem Lateinischen. Auch aus dem Italienischen wurden viele Wörter übernommen, insbesondere in den Fachsprachen des Geld- und Finanzwesens **(Inkasso, Bankrott)** sowie der Musik **(piano, forte)**. Meist lassen sich diese Wörter auf eine lateinische Wurzel zurückverfolgen.

Kennzeichen von Wörtern aus dem Lateinischen:

- der Buchstabe v.
  Am Wortanfang und im Wortinneren gesprochen als w:
  Verb, Vulkan, Villa, Virus, Volumen, oval;
- am Wortende als f gesprochen: **Akkusativ, aktiv**
- die Buchstabenfolge -ität: **Identität, Musikalität**
- die Buchstabenfolge -ant: **elegant, Musikant**
- die Buchstabenfolge -ent: **Student, Instrument**
- die Buchstabenfolge -enz: **Existenz, Präsenz, Konferenz**
- die Buchstabenfolge -ekt: **Prospekt, Aspekt, perfekt**
- die Buchstabenfolge -ion: **Emission, Mission, Vision**
- die Buchstabenfolge -tion (gesprochen tsion):
  Nation, Expedition, Information, Lektion, Sektion, Emotion

1. *Bilde zu den Verben der Tabelle Substantive, die den Handelnden angeben, sowie solche, die die Handlung benennen, und Adjektive.*

Verb	Handelnder	Handlung/ Gegenstand	Adjektiv
philosophieren	Philosoph	Philosophie	philosophisch
fotografieren			
musizieren			
demonstrieren			
studieren			
korrigieren			
organisieren			
illustrieren			
elektrisieren			
installieren	– teur		
produzieren			

2. *Recherchiere das Wichtigste zur Geschichte der lateinischen Sprache im Internet. Schreibe dir dazu Stichpunkte in dein Heft.*

Test

3

Setze in den Text die passenden Wörter dieses Wortvorrats.

Kompetenz – Chaos – Harmonie – Vasen – Projekt – Villa – Neutralität – Aktivität – Expedition

Eigentlich wollten wir unseren Familienurlaub in (Einheit) .... verbringen. Wir wollten wandern, eine römische (Landhaus) .... besuchen, in der eine größere Sammlung antiker (Hohlgefäße) .... zu besichtigen war, und dann wollten wir unsere (Erkundungsausflug) .... beenden mit einer deftigen Mahlzeit. Aber Sven, mein kleiner Bruder, und auch Lisa, meine große Schwester, drohten mit Streik, falls die (Tätigkeit) .... wie angekündigt ablaufen sollte. Das allgemeine (Durcheinander) .... griff immer mehr um sich. Da war es mit der vorgeblichen (Unentschiedenheit, Zurückhaltung) .... unserer Eltern vorbei. Papa verzichtete zwar auf seine (Fähigkeit) ...., ein Machtwort zu sprechen, aber Mama gab dann doch entschieden das endgültige (Vorhaben) .... bekannt.

Schreibung von Fremdwörtern

1

Fremdwörter französischer Herkunft

Die deutsche Sprache enthält viele Fremdwörter, die aus dem Französischen kommen.
Eine Eigenheit des Französischen ist, dass die Worte oft anders gesprochen werden, als man dies (als Deutschsprechender) von den Buchstaben her vermuten würde. Bei manchen Begriffen wurde daher die Schreibung an die deutschen Gewohnheiten angepasst.

Friseur oder Frisör; Couvert oder Kuvert

Am besten lernt man die Schreibung der Fremdwörter französischer Herkunft auswendig oder schaut in einem Wörterbuch nach.
Viele Fremdwörter aus dem Französischen erkennt man an Buchstabenkombinationen, die es im Deutschen so nicht gibt:

- -age (gesprochen: aasche):
  Garage, Montage, Spionage, Gage, Bandage, Visage, Reportage, Etage, Collage
- -eau (gesprochen oo):
  Niveau, Plateau
- -eur (gesprochen öör):
  Chauffeur, Ingenieur, Regisseur, Friseur, Monteur
- -euill- (gesprochen ööje):
  Portefeuille, Feuilleton
- -ou- (gesprochen u):
  Cousin, Journal, Tour, Route, Souvenir, souverän
- -ai- (gesprochen ä)
  Majonaise, Draisine, Portemonaie.

2

1. *Füge die Wörter an den richtigen Stellen ein.*

souverän – Journalist – Passagen – Gage – Bandagen – Visage – Regisseur – Niveau – Reportage

Fred wollte .... werden und sollte eine .... vom letzten Boxkampf schreiben. Das war nicht ganz einfach, schließlich wollte er schon ein gewisses .... einhalten. Da konnte man nicht einfach schreiben, dass sich die zwei Kontrahenten mit harten .... die .... polierten. Obwohl ganz schön zugeschlagen wurde. Aber dafür kassierten beide auch eine hohe .... Der Kampf selbst verlief recht spannend, als würde ein .... die Fäden ziehen. Der bisherige Meister war keineswegs so .... wie man erwartet hatte. In einigen .... war der Herausforderer sogar deutlich überlegen.

Test

3

Welche Begriffe werden da gesucht?

Stockwerk eines Gebäudes: die E..

Er baut Einzelteile zu einem Ganzen zusammen:

der M..

Ausspähen von Geheimnissen: die S...

Geheimes Hintertreiben/Stören eines Ablaufs:

die S..

Bild, das aus verschiedenen Teilen zusammengefügt ist:

die C..

Hochebene: das P...

Spielleiter im Theater: der R...

Geldbeutel: das P...

Sohn des Onkels: der C...

Schreibung von Fremdwörtern

1

Fremdwörter englischer Herkunft

Die moderne deutsche Sprache enthält viele Fremdwörter, die aus dem Englischen kommen.
Vor allem die Fachsprachen des Geld- und Finanzwesens und der Computertechnologie, aber auch des Managements verwenden englische Fachbegriffe.
Wenn du dir bei der Schreibung unsicher bist, schaust du am besten in einem Wörterbuch nach.
Viele aus dem Englischen kommende Fremdwörter verwenden Buchstabenkombinationen, die es im Deutschen nicht gibt. Sie bezeichnen Laute, die die deutsche Sprache nicht kennt.

- own (gesprochen: aun):
  Clown, downloaden,
- oa (gesprochen ou):
  download, Toast, Coach
- oar (gesprochen oor):
  Skateboard

Meist gelten die englischen Regeln für Aussprache und Schreibung.

2

1. *Schreibe nach Diktat.*

Mikes Geburtstagsparty

Mike muss seinen Geburtstag immer im Spätherbst feiern. Dennoch ist er darüber nicht traurig. Er ist nämlich im November zur Welt gekommen. Seine Geburtstagsparty findet immer an Halloween statt. Auch in diesem Jahr war die Party wieder ein echtes Event. Aus dem Internet hat sich Mike die besten Fetenhits auf seinen Laptop geladen. Seine Freunde waren auch cool verkleidet. Viele kamen als Vampire oder im Harry-Potter-Style. Ben hatte sich mit seinem Cowboy-Outfit samt Zündhütchenrevolver wohl etwas in der Zeit vertan. Nur Mikes Eltern hatten einen schweren Job, da sie das Catering übernehmen mussten. Sie freuten sich aber über das gelungene, fast stressfrei verlaufene Fest.

2. *Ergänze durch aus dem Englischen stammende Wörter.*

a) Roger war ein (angesagter) .... Typ.

b) Sabine war ein süßes (Mädchen) ....

a) Die Frisur von James war (toll, ausgefallen, verrückt) ....

Test

3

Schreibe nach Diktat.
Der Diktattext enthält Fremdwörter aus verschiedenen Sprachen.

Sprachenvielfalt auf der Einkaufsstraße

Wenn du durch die Einkaufsstraßen der City schlenderst, begegnest du einer ganzen Sprachenwelt. Am Anfang der Fußgängerzone gibt es einen kleinen Friseurladen (auch: Frisörladen). Er bietet den neuesten Look für Männer, Frauen und Kids. Nebenan hat ein neuer Eissalon eröffnet. Hier wird Joghurt-Eis (auch: Jogurt-Eis, Joghurteis, Jogurteis) in allen Farben offeriert. Ob die Kebabbude und die Pizzeria sich gegenseitig Konkurrenz machen? Vor dem Internetcafe stehen ein paar echt coole Typen. Hier müsste die Polizei einmal eine Razzia durchführen. Das kleine Souvenirgeschäft hat schon wieder geschlossen. Vielleicht ist es in Konkurs gegangen. Am Ende der Straße gibt es noch ein Bistro und eine gemütliche Brasserie.

Ein Laden für Jeans und einer, der nur Sneakers verkauft, schließen sich an. Ganz am Ende findet man noch eine Apotheke, aber die braucht man hoffentlich nicht so schnell. Auf jeden Fall ist es einfach, in unserer Stadt sein Portemonnaie (auch: Portmonee) zu erleichtern.

Schreibung von Fremdwörtern

1

Wörter griechischen und lateinisch-italienischen Ursprungs

Siehe Seite 132 und Seite 134.

2

1. *Was ist gemeint?*

Herrscher im alten Ägypten: ....

schlimmes Unglück: ....

Lufthülle der Erde: ....

Teil/Abschnitt eines Gesetzes: ....

Seher, Mahner: ....

Abschnitt eines Liedes: ....

Sammelbegriff für Gedichte: ....

Heilung, Behandlung: ....

2. *Setze die Wörter aus dem Wortvorrat an die richtige Stelle im Text.*

Tachometer – Fieberthermometer – sympathisch – Temperaturen – prophezeite – Phobie – Infektion

Ein kleiner Notfall

Spätestens als das .... 39 Grad anzeigte und steigende ...., wurde meine Mutter ziemlich nervös. Sie packte mich ins Auto und raste zu unserem Hausarzt. Mir wurde schon schwindlig, als ich auf den .... des Autos schaute. Es war mir sehr ...., dass ich sofort an die Reihe kam. Ich habe nämlich eine regelrechte

.... gegenüber Wartezimmern. Sehr schnell sah der Arzt, dass sich ein Mückenstich an meinem Schienbein entzündet hatte, sodass es zu der .... kam.

Test

3

Finde die richtigen Begriffe und setze sie ein.

Die Verbesserung der (Luftströmungskräfte) .... machte sich deutlich auf dem (Geschwindigkeitsmesser) .... bemerkbar.

Der (Temperaturregler) .... sorgte dafür, dass die Raumtemperatur (beständig) .... zwischen 20 und 22° gehalten wurde.

Da er sich eine gefährliche (Ansteckung) .... geholt hatte, musste er sich auf eine (abgeschirmte und abgetrennte Abteilung) .... in (zeitweilige Absonderung) .... begeben.

Eine (Furcht vor Enge) .... ist eine (seelische) .... Erkrankung.

In der (Redelehre) .... lernt man, Sprache wirkungsvoll einzusetzen. Gefährlich wird ein solcher Einsatz, wenn er (volksverführerischen) .... Absichten dient.

Schreibung von Fremdwörtern

1

Fremdwörter aus dem Französischen und Englischen

Siehe die Regeln Seite 136 und Seite 138.

Oft wird bei Fremdwörtern aus dem Französischen und Englischen die Schreibung der Originalsprache angewandt. Dabei weichen Buchstaben und Laute bisweilen deutlich voneinander ab.

2

1. *Welches Wort ist gesucht?*

ausruhen, sich erholen: ch ....

treuer Anhänger: F ....

üben: t ....

Ausrüstung: E ....

Ebene, Höhe: N ....

Fahrkarte: T ....

Rechner: C ....

Örtlichkeit: L ....

unter Umständen, vielleicht: e ....

Abneigung: A ....

Treffen, Verabredung: R ....

das Gesicht schützender Teil des Helms;

Zielvorrichtung bei Waffen: V ....

Gesicht (abwertend): V ....

Ereignis, Veranstaltung: E ....

militärische Übung: M ....

unabhängig, selbstständig: s ....

2. *Schreibe nach Diktat.*

Virtuelle Welten

Aufgrund (auch: Auf Grund) guter visueller und akustischer Effekte werden Computerspiele immer realistischer. Manch einer verbringt in den virtuellen und animierten Welten fast genauso viel Zeit wie in der Realität. Über das Niveau des einen oder anderen Spiels gibt es sicherlich Diskussionen. Vor allem die Darstellung gewalttätiger Szenen und die eventuelle Notwendigkeit, selbst gewalttätig zu werden, werden von den Kritikern ins Visier genommen. Man versteht wohl ihre Aversion gegen eine Szene, in der jemand bei einem Rendezvous getötet werden muss, nur weil er eine unsympathische Visage hat. Gleich mehrere Rivalen aus dem Hinterhalt umzulegen, wirkt zynisch und pervers. Es darf allerdings nicht vergessen werden, dass es auch anspruchsvolle Spiele gibt. Strategisches Handeln und vorausblickende Abwägungen gehören dort zur Devise. Man muss die einzelnen Manöver in vielfältige Zusammenhänge stellen und souveräne Entscheidungen treffen. Die Diskussion um das Niveau einer derartigen Freizeitbeschäftigung wird aber wohl noch lange andauern.

3. *Sportlich, sportlich … Welche Begriffe sind gesucht?*

Anhänger eines Sports, Vereins usw.: ....

geländegängiges Fahrrad: ....

Kunststoffbrett zum Gleiten auf Schnee: ....

üben: ....

modern für Korbball: ....

Ausrüstung: ....

Manschaftsbetreuer: ....

Schreibung von Fremdwörtern

3

Test

Im Buchstabenquadrat sind mindestens 27 Fremdwörter enthalten. Umrahme sie und trage sie hinter der jeweiligen Umschreibung ein.

T	H	E	R	M	O	S	T	A	T	S	F	S
H	I	T	W	Q	X	Y	L	O	P	H	O	N
E	T	H	I	K	I	D	G	R	X	V	T	A
M	C	O	O	L	D	I	K	T	A	T	O	R
A	R	S	E	N	D	R	F	A	N	F	G	E
K	V	A	B	J	N	I	V	E	A	U	R	G
M	U	G	A	R	A	G	E	L	V	N	A	I
E	L	R	N	S	N	I	R	J	I	M	F	S
G	T	A	K	E	E	E	S	W	S	F	M	S
D	E	F	E	K	T	R	I	S	I	K	O	E
W	T	I	T	T	T	E	O	B	O	A	N	U
L	E	K	T	I	O	N	N	B	N	R	O	R

Gerät zur Steuerung der Raumtemperatur ....

Kern, Grundgedanke eines Aufsatzes ....

beliebtes Musikstück ....

Lehre vom guten/richtigen Verhalten ....

Musikinstrument, das die Töne durch Holzstäbchen erzeugt ....

Verbindung eines Elements mit Sauerstoff ....

sittliche Grundhaltung ....

ein Orchester leiten ....

Alleinherrscher ....

Hauptschlagader ....

Unterrichtseinheit ....

Ebene, Bildungsstand ....

Gift ....

Schaumwein ....

kaputt ....

Gewicht ohne Verpackung ....

Sammelbegriff für künstlerische und technische

Zeichnungen ....

Aufbewahrungsort für Pkws ....

Festessen, Festmahl ....

einer, der Lichtbilder anfertigt ....

begeisterter Anhänger ....

Wagnis, das Schäden einkalkuliert ....

ungerührt; hervorragend ....

Traumbild, Erscheinung ....

Spielleiter ....

Freude, Spaß ....

einspurig: ....

Schreibung von Fremdwörtern

1

Fremdwörter griechischer oder lateinischer Herkunft

Siehe die Regeln auf Seite 132 und Seite 134.

Bestimmte Vorsilben sind typisch für Fremdwörter, die aus dem Lateinischen oder Griechischen stammen.

Aus dem Lateinischen: **pro-, kon-, re-, inter-.**

Aus dem Griechischen: **hypo-, anti-, epi-, hyper-, syn-,**

2

1. *Ergänze die Vorsilbe und schreibe das Fremdwort auf.*

Unterstellung, Behauptung: ....these

Gegenbehauptung: ....these

Mitschwingen, Hall: ....sonanz

Erdteil: ....tinent

Werbung: ....paganda

überreagieren: ....reagieren

Zusammensetzung: ....these

Antwort auf einen Reiz: ....aktion

2. *Ergänze mit dem passenden Fremdwort.*

a) Das R................................ konnte am Ende des Spiels nicht überraschen.

b) In bunten P..................................priesen sie die Stadt an.

c) Wenn viele Menschen sich in einer R.................................. an derselben Krankheit anstecken, spricht man von einer E................................ .

d) Der militärisch K..................................forderte viele Opfer.

Test

3

Schreibe nach Diktat.

Die Redekunst

Eine taktische Fähigkeit, in der viele in der Öffentlichkeit stehende und vor Publikum wirkende Menschen trainiert werden, ist die Redekunst oder Rhetorik. Interessant ist dabei, dass ein Großteil der Operationen und Strategien des heutigen Redetrainings bereits in den rhetorischen Lehrbüchern der Antike beschrieben wurden. Schon im antiken Griechenland und in Rom war es üblich und wichtig, dass zum Beispiel Politiker sich in den Techniken der Rhetorik auskannten. Überlieferungen, Chroniken und Archive belegen sogar das Phänomen, dass eine Aussage vor Gericht dann als wahr galt, wenn sie rhetorisch überzeugend dargestellt worden war.

Die wesentlichen Themen der damaligen Reden bezogen sich auf die Operationsfelder Politik und Jurisprudenz. Ein guter Redner hatte beste Chancen, seinen Prozess zu gewinnen.

Zu den heutigen Elementen und Kriterien einer guten Rede, die sich bereits in den antiken Anforderungskatalogen finden lassen, zählen etwa der typische Aufbau einer Rede und die sprachlichen Ornamentierungen durch Stilfiguren. Vor allem die rhetorischen Ausschmückungen sind bei einer Rede, mit der man die Zuhörer erreichen möchte, unverzichtbar. Metaphern, Hyperbeln, symbolische Anspielungen und pathetische Begriffe sind noch immer typische Kennzeichen und wirkungsvolle Mittel einer Rede. Der zu ausschweifenden Verwendung einer derart rhetorischen Sprache steht man in Deutschland allerdings mit Skepsis gegenüber. Die demagogischen Reden der Nazi-Zeit zeigten, wie sehr die Rhetorik auch dazu missbraucht werden kann, Lügen zu verbreiten und zu Grausamkeiten zu verführen bzw. diese euphemistisch zu bemänteln.

Schreibung von Fremdwörtern

1

Fremdwörter aus dem Englischen und Französischen

Siehe die Regeln Seite 136 und Seite 138.
In unserer Zeit werden im Bereich der Computerwelt und des Internet viele Wörter aus dem Englischen übernommen. Aus dem Französischen stammen viele Wörter, die die Mode und Unterhaltung betreffen. Viele Begriffe der modernen Fernsehunterhaltung kommen ebenfalls aus dem Englischen.

2

1. *Kennst du die Begriffe? Ordne sie zu.*

Conférencier – dressieren – Engagement –
Varieté (auch: Varietee) – Talkshow – Event – Regie

Bedeutendes Ereignis: ....

Unterhaltungsshow mit Tanz-, Gesangs- und anderen Elementen:

....

Unterhaltungsshow, in der gesprochen wird:

....

Ansager, Sprecher, der durch eine Unterhaltung führt:

....

Tiere abrichten: ....

Anstellung/Verpflichtung eines Künstlers: ....

2. *Ergänze mit dem passenden Fremdwort.*

a) Für seine Arbeit erhielt der Künstler eine G................................

b) Die Uniform des Dieners nennt man L...............................

c) Nach einer guten Vorstellung erhält man viel A............................

d) Die Spielleitung einer Theateraufführung liegt beim

R...............................

Test

3

Schreibe nach Diktat.

Die Herkunft der Fremdwörter

Viele Menschen interessieren sich für Kultur. Sie besuchen Theaterveranstaltungen, Kabarettprogramme (selten: Cabaretprogramme) Musicals oder eine Vernissage. Doch woher kommen die Namen für diese Kulturevents?
Unser heutiger Wortschatz bietet einen phänomenalen Einblick in die Sprachhistorie des Deutschen. So finden sich aus der Phase der frühen Christianisierung zahlreiche lateinische Begriffe. Ähnliche Konsequenzen hatte die Verwendung des Lateinischen als Sprache der Wissenschaft im Mittelalter. Ein Cellist, dessen Girokonto durch seinen Job gefüllt sein sollte, denkt während seiner Tournee sicherlich nicht daran, dass die Namen seines Instrumentes und seines Bankkontos aus dem Italienischen entlehnt sind. Es fällt auch keinem mehr auf, dass das Wort Tourist nicht aus Deutschland stammt. Ebenso ergeht es wohl so manchem Gourmet, der sich als Experte des Essens sieht. Versteht er auch, warum seine Pizza einen italienischen Namen trägt und warum er den Salat am Büfett (auch: Buffet) bekommt? Würde man das Experiment machen und ihn danach fragen, wäre das Ergebnis für die meisten sicherlich eine Blamage. Aber man soll ja nicht so pessimistisch sein. Die neueste Welle an Fremdwörtern schwappt aus dem anglo-amerikanischen Sprachraum nach Deutschland. Nicht nur Computer und E-Mail verdanken wir dem Einfluss der amerikanischen Kultur. Ein weiterer Trend ist im Bereich der Jugendsprache zu beobachten. Natürlich ist es cool und trendy, das eine zu liken und das andere zu dissen, den Saal zu rocken oder gleich zu chillen.

9. Satzzeichen

1

Zeichen am Satzende

Am Ende eines Aussagesatzes steht ein Punkt: **Ich bin müde.**
Das Fragezeichen steht nach direkten Fragesätzen. Das können Entscheidungsfragen sein (Fragen, die mit „ja“ oder mit „nein“ beantwortet werden können: **Gefällt dir das Bild?**) oder Ergänzungsfragen (Fragen, die als Antwort umfangreichere Ausführungen erwarten: **Was gefällt dir daran besonders?**) Aber Vorsicht! Nicht alle Fragesätze enden mit einem Fragezeichen. Die sogenannten indirekten Fragen enden mit einem Punkt: **Ich möchte wissen, wo du so lange bleibst.**
Das Ausrufezeichen steht nach Aufforderungssätzen, Befehlssätzen und Wunschsätzen: **Sei bitte pünktlich! Komm mal her! Wärest du doch nur etwas pünktlicher!**
Das Ausrufezeichen steht auch hinter einfachen Aufforderungen: **Vorsicht! Ruhe!** – sowie nach Ausrufen: **Hilfe! Toll!**

Tipp:
Man kann auch
- mit Fragesätzen auffordern:
  Öffnet mal jemand die Tür?
- mit Aussagesätzen auffordern:
  Du kommst jetzt sofort her!
- mit Aussagesätzen fragen:
  Du warst nicht in der Schule?

Das Satzzeichen macht dann die Absicht des Sprechers deutlich.

2

1. *Bilde aus den Wörtern des kleinen Wortvorrats einen Fragesatz und einen Aussagesatz.*

Eis – das – schmecken

....

....

2. *Kleine Zusatzaufgabe. Wann kann man an einem Satz, bei dem das Satzschlusszeichen vergessen wurde, trotzdem ganz sicher erkennen, dass es sich um einen Fragesatz handelt?*

....

....

....

3. *Schreibe einige Fragewörter auf.*

....

Test

3

Setze die richtigen Satzschlusszeichen. Wo die Sätze enden, kannst du an der Großschreibung nach dem Satzende erkennen.

Das Schilfrohr und der Ölbaum (frei nach Äsop)

Das Schilfrohr und der Ölbaum stritten miteinander Der Ölbaum tadelte das Schilfrohr Es war nicht so stark, und es ließ sich so leicht vom Wind bewegen. "Steh fest " Was sollte das Rohr da entgegnen Es schwieg und bog sich weiter im Wind Da wurde aus dem leichten Wind ein kräftiger Sturm Das Rohr wurde geschüttelt Wie sollte es da feststehen Es gab den Windstößen nach und blieb unbeschädigt Wo aber war der Ölbaum Er hatte sich widersetzt Er stemmte sich dem Sturm mit aller Macht entgegen Was geschah dann Er wurde von der Gewalt des Sturmes gebrochen

Satzzeichen

1

Satzzeichen bei der wörtlichen Rede

Wörtlich übernommene Äußerungen („wörtliche Rede“) kennzeichnet man durch Anführungsstriche.

„Du gefällst mir!“

Oft wird die wörtliche Rede durch eine Redeeinleitung bzw. Redeerklärung (sie sagte, er antwortete, sie fragte, er rief) begleitet.
Steht die Redeerklärung vor der wörtlichen Rede, so setzt man an ihrem Ende einen Doppelpunkt:

Jane fragte: „Kommt ihr heute mit zum Schwimmen?“

Steht sie am Ende der wörtlichen Rede, so wird sie durch ein Komma abgetrennt.

„Wollt ihr nicht mitkommen?“, fragte Jane.

Wird sie in die wörtliche Rede eingefügt, so wird sie durch Kommas abgetrennt.

„Das dürfte dann aber doch“, entgegnete er erregt, „zu weit gehen.“

Beim angeführten Satz lässt man den Schlusspunkt weg, wenn er am Anfang oder im Innern des Ganzsatzes steht.

„Ich werde pünktlich kommen“, versicherte er.

Frage- und Ausrufezeichen bleiben aber erhalten.

„Spinnst du?“, fragte er entsetzt.

2

1. *Ergänze die Satzzeichen.*

Frau Müller rief „Ihr seid jetzt still “
„Ich soll das gewesen sein “ fragte Lisa.
Mama sagte erregt „Das kann doch einfach nicht sein “

2. *Trage die Zeichen für wörtliche Rede ein. Ergänze auch sonst fehlende Satzzeichen.*

Janina und der Fremde

Manchmal legte es Janina darauf an, die Leute zu veralbern So fragte sie gestern einen Passanten Können Sie mir sagen, wie man zum Bahnhof kommt Das tut mir leid meinte der Passant bedauernd Ich bin fremd hier Da sagte Janina Also passen Sie mal auf Sie gehen zuerst geradeaus, dann biegen sie links ab Der Fremde sah erstaunt auf Aber wie kannst du ...? Dann nehmen sie fuhr Janina unbeirrt fort die dritte Straße rechts Weiter kam Janina mit ihren Erläuterungen nicht, denn der Fremde war gerade beim Ausholen, und Janina musste einer kräftigen Ohrfeige ausweichen

Tipp:
Gehört ein ! oder ein ? zur wörtlichen Rede, so steht das Zeichen vor dem Anführungszeichen. Ist in diesem Fall die Redeerklärung eingeschoben oder nachgestellt, so steht nach dem Anführungszeichen noch ein Komma:

„Ist das nun endlich klar?", fragte sie.

Gehört das Frage- oder Ausrufezeichen zum Begleitsatz, so steht es außerhalb der Anführungszeichen:

Hast du gesagt: „Ich bin zu müde"?

Test

3

Ergänze die Satzzeichen und korrigiere die Großschreibung.

Eines Tages kam ein stadtbekannter Schwätzer zum berühmten athenischen Philosophen Sokrates kannst du mir das Reden beibringen fragte dieser Sokrates antwortete natürlich kann ich das aber das wird nicht ganz billig nun, über den Preis können wir noch sprechen entgegnete der künftige Schüler So viel kann ich dir schon jetzt sagen antwortete ihm da der Philosoph du wirst das Doppelte von dem zahlen müssen, was meine übrigen Schüler bezahlen warum denn das wollte der Schwätzer jetzt wissen ich muss dir das Reden beibringen das hat seinen Preis entgegnete ihm da Sokrates aber zuvor muss ich dir noch beibringen, den Mund zu halten, und das kostet mindestens ebensoviel

Satzzeichen

1

Das Komma bei Aufzählungen – Wörter und Wortgruppen

Das Komma trennt die Teile einer Aufzählung, sofern sie nicht durch **und** oder **oder** verbunden sind.

Er liebte bunte, üppige Farben.

Caro war müde, hungrig und völlig fertig.

Vorsicht: Wird ein Glied durch aber, sondern, vielmehr angeschlossen, so steht vor dem Bindewort ein Komma:

Wir hatten wunderschöne, erlebnisreiche, aber leider viel zu kurze Ferien.

Sind in einer Aufzählung zwei Adjektive nicht gleichrangig, so setzt man kein Komma:

Er freute sich schon auf die nächsten großen Ferien.

2

1. *Im Text fehlen die Kommas bei Aufzählungen. Setze sie ein, wo das nötig ist.*

Hunde sind lieb treu süß gehorsam. Für manche Leute sind sie laut stinkend lästig. Ganz gleich, wie man das sieht: Hunde sind auf jeden Fall nicht störrisch stur oder gar dumm sondern vielmehr klug. Sie geben Pfötchen apportieren ein Stöckchen und machen Männchen.

2. *Komma oder nicht? Setze ein, wo eines gesetzt werden **muss**.*

a) Sebastian wollte fleißig lernen konzentriert arbeiten aber auf keinen Fall trödeln.
b) Philipp wollte nicht warten nicht stehen bleiben nicht alles verzögern sondern zügig vorwärts gehen.
c) Wolf war nicht dumm nicht dämlich sondern uninformiert.
d) Vera war fleißig umsichtig und gründlich aber nicht allwissend.
e) Vico wartete und wartete und hatte schließlich genug.
f) Ronny konnte schon bis fünfzig zählen seinen Namen schreiben und Fahrrad fahren aber nicht seine Schuhe binden.
g) Steffi nahm Anlauf zielte und schoss den Ball ins Tor.

3. *Markiere das richtige gesetzte Komma.*

Manchmal sind schwierige, und lange Texte einfach, aber nicht immer.

4. *Setze die Kommas.*

a) Er trug ein schönes buntes aber zu großes Hemd.
b) Nach einem langen schönen und erholsamen Spaziergang kehrte sie glücklich froh und müde zurück.
c) Chiara lachte tanzte und sang gerne.

Test

3

Setze die Kommas.

Es scheint heute wieder modern zu sein, wenigstens kürzere Strecken mit dem Fahrrad zu überwinden. Im Handel sind schon ganz verschiedene Räder erhältlich. Tourenräder Damenräder Kinderräder und geländegängige Mountainbikes werden in allen möglichen Ausführungen angeboten. Worauf aber sollte man beim Radfahren achten? Vor jeder Fahrt sollte man prüfen, ob Bremsen Klingel Lampe Rückleuchte Lenkung Bereifung und Sattel in Ordnung sind. Beim Fahren störende Gegenstände wie Taschen am Lenker Tüten in der Hand übergroße Körbe auf dem Gepäckträger sollten nicht mitgeführt werden. Man sollte beim Radfahren auch keine langen Schals weite Hosen oder langer Röcke tragen. Beim Fahren wird man den übrigen Verkehr beachten und Fußgänger Autos und vor allem spielende Kinder angemessen berücksichtigen. Im Herbst muss man mit schmierigen glatten Straßen rechnen, da das Laub der Bäume Regen und Nebel für einen wenig griffigen Straßenbelag sorgen.

Satzzeichen

1

Das Komma bei Aufzählungen – Sätze

Auch Sätze können Teile einer Aufzählungsreihe sein. Sie werden dann durch Kommas getrennt, es sei denn, der letzte Satz wird durch und oder oder angeschlossen.

Sven lag im Gras und hatte die Augen geschlossen, Anja sah den Wolken nach, Valerie spielte mit einem Grashalm und Victor trällerte ein Lied.

Wird ein Satz durch aber, sondern, vielmehr angeschlossen, so steht vor dem Bindewort ein Komma.

Draußen stürmte es, dicke Schneeflocken wirbelten durch die Luft, aber drinnen war es gemütlich warm und die Kinder kuschelten sich in ihre Sessel.

Bei gleichrangigen Teilsätzen, die durch und, oder usw. verbunden sind, kann man ein Komma setzen, um die Gliederung des Ganzsatzes deutlich zu machen:

Er war traurig(,) und das hatte einen ganz besonderen Grund.

2

1. *Setze an den richtigen Stellen die Kommas. Markiere die Stellen besonders, wo man ein Komma setzen kann aber nicht muss.*

a) Die Erwachsenen saßen im Schatten eines Baumes und die Kinder spielten auf der Wiese.
b) Gerd stöhnte Philipp grinste aber Theo nickte nur mit dem Kopf.
c) Herr Björns schlief länger sein Bruder war schon früh unterwegs die Kinder aber lärmten im Haus herum.
d) Nina las ein Buch ihr Bruder klimperte auf der Guitarre aber keiner kümmerte sich um den Hund.

2. *Hier fehlen die Kommas, setze sie ein.*

Jana hüpfte von einem Bein auf das andere ihre Geschwister Tom und Eric zappelten ungeduldig herum aber Mama ließ sich Zeit erzählte vom letzten Urlaub und scherzte mit ihrer Freundin.

3. *Hier stehen zu viele Kommas. Markiere alle richtig gesetzen Kommas. Achtung: Richtig ist auch, wenn das Komma stehen darf, aber nicht muss.*

Endlich wandte sie sich ihren Kindern zu, und ging mit ihnen zusammen los. Nach kurzer Zeit kamen sie an einer Wiese vorbei, gingen weiter, und machten dann Halt an einem Spielplatz. Jetzt waren die Kinder an der Reihe. Jana hatte gleich die Schaukel erobert, und Tom versuchte sich am Klettergerüst, aber Eric wollte lieber bei Mama bleiben.

Test

3

Schreibe nach Diktat.
Wenn dir jemand diesen Text diktiert, so sollten die markierten Kommas nicht mitdiktiert werden. Schreibe zunächst den Text, ohne unbedingt gleich jedes Komma zu setzen. Dann aber solltest du bei deinem Korrekturdurchgang besonders auf diese achten.

Petri Heil
Ein Angler stand am Ufer eines kleinen Sees, er hielt seine Angel, die Wolken zogen über den Himmel, die Sonne schien(,) und die Mücken schwirrten ihm um das Gesicht. Da kam ein Spaziergänger vorbei, blieb stehen, sah interessiert nach dem Schwimmer und fragte nach einiger Zeit: „Es gibt wohl nichts Langweiligeres, als zu angeln!" „0 doch!", antwortete der Angler. „Noch viel langweiliger ist es, beim Angeln zuzuschauen." Nach drei Stunden wandte sich der Angler zu seinem Zuschauer, blickte ihn nachdenklich an und fragte. „Wenn Sie sich so für das Angeln interessieren, warum angeln Sie denn da nicht selbst?" Der Zuschauer hob abwehrend die Hände, schüttelte den Kopf und antwortete entsetzt: „Ich soll angeln? Dazu fehlt mir doch wirklich die Geduld."

Satzzeichen

1

Das Komma bei Satzgefügen

Satzgefüge nennt man die Verbindung von einem Hauptsatz und einem oder mehreren Nebensätzen.

Haupt- und Nebensatz werden dabei durch Komma getrennt.

- Dies gilt für den Fall, dass der Nebensatz vor dem Hauptsatz steht.
  Wenn es dunkel wird, gehen wir nach Hause.
- Aber auch für den Fall, dass der Nebensatz nach dem Hauptsatz steht.
  Wir gehen nach Haue, wenn es dunkel wird.
- Ist der Nebensatz in den Hauptsatz eingeschoben, so wird er durch zwei Kommas vom Hauptsatz getrennt.
  Wir gehen, wenn es dunkel wird, nach Hause.

So erkennt man einen Nebensatz:

- Er kann nicht allein stehen.
- Die gebeugte Form des Prädikats steht an letzter Satzgliedstelle.
- Er wird meist durch eine Konjunktion oder ein Relativpronomen mit dem Hauptsatz verbunden.

2

1. *Trenne die Nebensätze durch Kommas vom Hauptsatz. Vertausche dann die beiden Sätze. Bilde dann ein Satzgefüge, bei dem der Nebensatz in den Hauptsatz eingefügt ist.*

a) Wenn wir so weitermachen werden wir gewinnen.

....

....

b) Wir werden zu Hause bleiben wenn es regnet.

....

....

c) Er hat ein gutes Zeugnis bekommen da er fleißig gearbeitet hat.

....

....

2. *Setze die Kommas.*

a) Lisa strahlte nachdem sie die Erlaubnis hatte übers ganze Gesicht.

a) Die Wölfe kamen nachdem der Winter eingebrochen war zurück.

Test

3

Setze die Satzzeichen. Korrigiere die Großschreibung.

Der Dichter Heinrich Heine war bekannt dafür dass er abends ausgiebig feierte und sich unterhielt am folgenden Vormittag dann aber nicht besonders gern arbeitete bei einer Abendgesellschaft wollte ein neugieriger Zeitgenosse der Heines Abneigung gegen Arbeit am Vormittag kannte den Dichter etwas in Verlegenheit bringen der Neugierige fragte Heine womit er denn heute den Vormittag bis zum Mittagessen verbracht habe Heine antwortete ich habe an einem Gedicht gearbeitet zunächst habe ich es gelesen denn ich hatte es gestern geschrieben und heute hat mich etwas daran gestört dann habe ich an einer Stelle ein Komma eingesetzt das mir wichtig erschien der Mann wurde nun etwas dreister und fragte weiter und was haben Sie dann am Nachmittag getan Heine dachte nach machte ein ernstes Gesicht und sprach zögernd ich habe weiter nachgedacht ich las das Gedicht erneut und habe das Komma gestrichen weil es überflüssig war

Satzzeichen

1

Das Komma bei Infinitivgruppen

Eine Infinitivgruppe (oft ein mit **zu** erweiterter Infinitiv) kann im Rahmen eines Satzgefüges eine ähnliche Rolle spielen wie ein Nebensatz. Allerdings wird die Infinitivgruppe nur in bestimmten Fällen **zwingend** durch Kommas vom Hauptsatz abgetrennt.
Folgende Regel zu beachten, hilft dir, viele Fehler zu vermeiden: Wird die Infinitivgruppe mit als, anstatt, außer, ohne, statt oder um eingeleitet, so wird diese mit Komma abgetrennt.
Die Infinitivgruppe wird auch in folgenden Fällen durch Kommas vom Hauptsatz abgetrennt:

- Wenn diese Gruppe durch ein besonderes hinweisendes Wort angekündigt wird.
  Damit, besonders nachlässig zu sein, solltest du nicht auch noch angeben.
- Wenn die Infinitivgruppe zusammengefasst und in einem hinweisenden Wort wieder aufgenommen wird.
  Endlich einmal der Beste zu sein, das war sein sehnlichster Wunsch.
- Wenn die Infinitivgruppe in einen Hauptsatz als Erläuterung eingeschoben wird.
  Wenn es unser Ziel, keine Kommas mehr zu schreiben, sein sollte, ...

Tipp:
Es ist nie falsch, eine Infintivgruppe mit Komma abzutrennen. Es gibt nur Fälle, bei denen das sehr unüblich ist.

2

1. *Komma oder nicht? Setze alle Kommas, die gesetzt werden müssen.*

a) Wenn es darum geht eine Ausrede zu finden bin ich immer gut.
b) Mich nicht erschüttern zu lassen das war meine erklärte Absicht.
c) Er wusste sich zu helfen.
d) Nicht zu lachen das war gar nicht so einfach.
e) Nicht zu weinen war gar nicht einfach.

f) Man sollte sich manchmal laut widersetzen anstatt zu schweigen.

2. *Welche Kommas können weggelassen werden? Markiere diese.*

Darauf, die Hausaufgaben regelmäßig zu vergessen, sollte man nicht auch noch stolz sein. – Er arbeitete, anstatt sich auszuruhen. – Es war wichtig, zu hören, was da geschehen war. – Sie war bereit, alles zu tun.

Test

3

Setze die Kommas.

Ein paar Mäuse aus dem Geldautomaten zu ziehen das ist wohl immer wieder nötig. Damit aber rechnet wohl niemand am Geldautomaten echten Mäusen zu begegnen. Mäuse allerdings lieben es ihr Nest an beschützten warmen Plätzen zu bauen. Und ein Geldautomat lädt ja geradezu dazu ein Platz zu nehmen und sich wohl zu fühlen. Oder etwa nicht? In Oregon in den Vereinigten Staaten jedenfalls hatte sich eine Maus den Geldautomaten an einer Tankstelle dazu ausgesucht ihr Nest zu beherbergen. Aus den Geldscheinen hatte sie kleine Schnipsel hergestellt um alles gemütlich auszupolstern. Einer Angestellten fielen die leisen Geräusche im Geldautomaten auf. Als sie die Klappe öffnete um nachzuschauen sahen sie zwei Knopfaugen an. Die Angestellte schlug die Klappe zu und lief schreiend davon. Der Besitzer der Tankstelle hatte noch einige Mühe damit die Maus zu vertreiben.

Satzzeichen

1

Das Komma bei Zusätzen und Nachträgen

Zusätze oder Nachträge grenzt man mit Komma ab; das gilt auch für eingeschobene Zusätze. Man kann unterscheiden:

- Parenthesen

  Gestern Morgen, ich las gerade die Zeitung, klingelte es an der Haustür.

- Substantivgruppen als Nachträge (Appositionen, Titel, Berufsbezeichnungen und dergleichen in Verbindung mit Eigennamen)

  Georg Meyer, gelernter Mechaniker und Installateur, wollte nun das Abitur nachmachen. Werner H., promovierter Physiker, wusste das nicht.

- mehrteilige Orts-, Wohnungs- und Zeitangaben ohne Präposition (das einschließende Komma kann hier auch weggelassen werden)

  Harriet Martineau, Hasenweg 7 in Hinterhausen (,) meldete sich gestern bei der Polizei.

Nachgestellte Erläuterungen, die häufig mit **also, besonders, das heißt (d.h.), das ist (d.i.), genauer, insbesondere, nämlich, und das, und zwar, vor allem, zum Beispiel (z.B.)** oder dergleichen eingeleitet werden, grenzt man auch mit Kommas ab

Während der Ferien, insbesondere während der Sommerferien, besteht die Gefahr, dass die Schüler manches vergessen.

2

1. *Markiere die Einschübe und setze Kommas.*

a) Im nächsten Monat genauer in der zweiten Woche werden wir wandern.

b) Ihm hatten es die alte Sprachen insbesondere Latein angetan.

c) Wir wollen allen insbesondere den Schwachen helfen.

2. *Forme die folgenden Satzpaar so um, dass der Inhalt der zweiten Sätze als Einschub in den ersten rückt. Schreibe in dein Heft.*

a) Im nächsten Schuljahr werden wir einen Ausflug machen. Das wird noch vor den Herbstferien geschehen.

b) Er war nicht besonders glücklich. Dafür gab es verschiedene Gründe.

c) Gute Sportler haben in Wettkämpfen Erfolg. Sie haben vorher intensiv trainiert.

Test

3

Setze die Kommas.

Der kleine Abraham Lincoln

Abraham Lincoln der spätere Präsident der USA lebte als kleiner Junge in einfachen ärmlichen Verhältnissen. Auf das Äußere insbesondere auf Reinlichkeit wurde da nicht allzu viel Wert gelegt. Der Lehrer der Volksschule in Hodgenville einem kleinen Ort in Kentucky bei dem Abraham in die Schule ging achtete allerdings sehr auf Sauberkeit und zwar nicht nur auf Sauberkeit der Kleidung sondern auch der Hände. Eines Morgens nun wollte er seine Schüler vor allem aber die für ihre regelmäßig ungewaschenen Hände bekannten Jungen überprüfen. Abraham wischte sich schnell seine rechte Hand an der Hose ab ehe er sie vorzeigte. Dem Lehrer gefiel nicht was er sah genauer gesagt er schimpfte los: „Du Schmutzfink! Das ist wohl die schmutzigste Hand in der ganzen Klasse! Für eine solch schmutzige Hand gibt es eine Strafe und zwar fünf Stockschläge auf die Finger. Aber die Strafe will ich dir erlassen wenn du mir eine Hand in der Klasse zeigen kannst die noch schmutziger ist.“ Für Lincoln war das kein Problem. Er hatte schließlich noch eine Hand nämlich die linke die noch nicht abgewischt war. Er streckte sie vor und entkam der Strafe.

Kapitel 1: Groß- und Kleinschreibung

Seite 9

1. **So war Cowboy Jim**
   Am Bahnhof steigt ein Junge in die Straßenbahn. Er sieht gefährlich aus und knurrt den Schaffner an: „Cowboy Jim zahlt heute nicht!" Am nächsten Tag wiederholt sich das Ganze. Auch am dritten Tag ist die Szene zu beobachten. Ein älterer Herr regt sich über das ungewöhnliche Benehmen des Jungen auf. Er hat das alles seit drei Tagen beobachtet und fragt nun den Schaffner, warum er sich das von diesem Lausejungen gefallen lasse. Der Schaffner meint grinsend: „Es gibt keinen Grund zur Aufregung. Cowboy Jim hat eine Schülermonatskarte."

Seite 10

2. a) Er fragte vorwurfsvoll: „Warum hast du mir nicht geholfen?"
   b) Willi wollte mit dem Rad fahren, sein Bruder wollte lieber gehen, die Eltern mussten also entscheiden.
   c) Warum spielte er immer den Klassenkasper?

3. das **Taschengeld**/~~taschengeld~~; die ~~eltern~~/**Eltern**; auf eine strenge ~~erziehung~~/**Erziehung** ~~wert~~/**Wert** legen; mit dem ~~wenigen~~/**Wenigen** über die **Runden**/~~runden~~ kommen; die ~~vorteile~~/**Vorteile** des ~~sparens~~/**Sparens**

4. a) Das Spielen im Hof ist verboten.
   b) Wer das Arbeiten vernachlässigt, wird am Ende Probleme haben.
   c) Das Aufstehen am frühen Morgen fällt ihm Tag für Tag schwerer.

5. a) Er zog sich beim ~~aufwärmen~~/**Aufwärmen** eine Zerrung zu.
   b) Klaus musste **notgedrungen**/~~Notgedrungen~~ aufhören.
   c) Er gab der Trainerin das ~~versprechen~~/**Versprechen**, bald zum Doktor zu gehen

Seite 11

Test

Wenn es um das Taschengeld geht, ergeht es Königskindern nicht viel anders als den meisten anderen Kindern. Es reicht nicht hinten und nicht vorne, und die Eltern lassen sich nicht so leicht zu einer Erhöhung überreden. Wenn dann die Eltern gar auf eine strenge Erziehung Wert legen, so ist es fast unmöglich, mit dem Wenigen über die Runden zu kommen. In seiner Not wandte sich ein englischer Prinz an seine Großmutter und bat sie um ein Pfund. Die königliche Oma aber ließ sich nicht erweichen und schrieb ihrem Enkel nur einen langen Brief. Der Prinz hat den Brief seiner Oma an einen Sammler für 50 Pfund verkauft.

Auswertung zum Test

Für jedes richtig eingesetze Wort erhältst du einen Punkt.

Von insgesamt 23 Punkten hast du .... Punkte erreicht.

Super!	In Ordnung!	Bitte noch einmal üben!
23 bis 18 Punkte	17 bis 12 Punkte	Weniger als 12 Punkte

Seite 12

1. das ~~arbeiten~~/**Arbeiten**; nichts **Schlimmeres**/~~schlimmeres~~; viel **Jammern**/~~jammern~~ und **Klagen**/~~klagen~~; zum **Spielen**/~~spielen~~; das ~~anfangen~~/**Anfangen**; etwas ~~neues~~/**Neues**; alles ~~zureden~~/**Zureden**; mit dem **Reden**/~~reden~~; zum **Spielen**/~~spielen~~

2. „Das Arbeiten ist eine schöne Sache“, stöhnte Mirko, „solange man dabei zusehen kann.“ Es gab fur ihn nichts Schlimmeres, als wenn er wusste, dass eine größere Arbeit auf ihn zukam. Dann gab es tagelang viel Jammern und Klagen. Nicht einmal zum Spielen war Mirko dann mehr zu bewegen. Und dabei war er keineswegs faul. Ihm fiel einfach das Anfangen so schwer. Seine Freunde wussten schon Bescheid, wenn sie Mirkos Miene sahen, und versuchten immer wieder etwas Neues, um ihn zu trösten, aber da war alles Zureden umsonst. „Hört auf!“, jammerte Mirko eines Tages, „hört auf mit dem Reden. Geht allein zum Spielen. Ich bin völlig fertig, denn ich muss jeden Tag drei Seiten Vokabeln wiederholen. Und das schon ab morgen.“

Test

Seite 13

Eine besondere Gefahr für Fußgänger im Straßenverkehr stellt das Überqueren von Straßen dar. Vor allem beim Fehlen von Fußgängerüberwegen ist daher besondere Vorsicht angebracht. Das vermeintlich langsame Herannahen von Fahrzeugen ist nicht selten ein Irrtum. Aber auch das Benutzen von eigenen Fußgängerüberwegen erfordert das gewissenhafte Beachten bestimmter Regeln. So sollte der Übergang nicht mehr betreten werden, wenn Fahrzeuge schon so nahe herangekommen sind, dass ihnen ein rechtzeitiges Anhalten nicht mehr möglich ist. Hat man den Überweg betreten und haben die Fahrzeuge angehalten, so sollte man zügig die Fahrbahn überqueren und nicht durch unnötiges Trödeln den Verkehr aufhalten.

Auswertung zum Test

Für jede richtige Markierung und Großschreibung erhältst du einen Punkt. Hast du Falsches markiert oder großgeschrieben? Dann zieh dir jeweils einen Punkt ab.

Von insgesamt 28 Punkten hast du .... Punkte erreicht.

Super!	In Ordnung!	Bitte noch einmal üben!
28 bis 22 Punkte	21 bis 15 Punkte	Weniger als 15 Punkte

Seite 14

1. a) Die Lehrerin ist freundlich zu ~~Ihr~~/**ihr**.
   b) Frau Klein ist **ihre**/~~Ihre~~ Lieblingslehrerin.
   c) Lea mag **sie**/~~Sie~~.
   d) Sie fragt: „Kannst ~~Du~~/**du** mir das erklären?“
   e) Lea liefert ~~Ihre~~/**ihre** Sonderarbeit ab.
   f) Lea betont: „Ich hab es **Ihnen**/~~ihnen~~ gleich fünfmal geschrieben!“

2. Lea geht schon in die fünfte Klasse. Die Lehrerin, Frau Wagner, ist freundlich zu ihr. Deshalb ist Frau Wagner ihre Lieblingslehrerin. Lea mag sie wirklich sehr. Deshalb kommt es bisweilen vor, dass sie einfach „du“ zu ihr sagt. Die ganze Klasse lacht, wenn Lea sagt: „Frau Wagner, kannst du mir das noch mal erklären?“ Frau Wagner ermahnt Lea und weist sie darauf hin, dass man Lehrerinnen und Lehrer mit „Sie“ anspricht. Lea aber sagt weiterhin immer wieder „du“. Jetzt soll Lea zehnmal schreiben: „Meine Lehrerin darf ich nicht mit ‚du‘ ansprechen. Ich muss ‚Sie‘ sagen.“ Lea liefert ihre Sonderarbeit ab. „Ich hab es Ihnen gleich zwanzigmal geschrieben!“, betont Lea. „Warum denn das?“, fragt Frau Wagner. Lea antwortet: „Weil ich dich halt gern hab.“

Seite 15

3. Ich muss Ihnen wirklich deutlich schreiben, dass ich nicht wünsche, von Ihnen weiterhin Briefe zu erhalten, in denen Sie sich so unangenehm über Ihre Tochter äußern. Das hat sie wirklich nicht verdient.

Groß- und Kleinschreibung

Test

Sehr geehrter Herr Dr. Kurz,
da Sie mich heute Morgen nicht so recht zu Wort kommen ließen, möchte ich Ihnen auf diesem Wege erläutern, warum ich die Hausaufgaben in Ihrem Fach nur zum Teil erledigt habe. Meine Mutter war gestern bis spät abends dienstlich unterwegs, sodass ich meine beiden kleinen Geschwister beaufsichtigen musste. Dabei war es nur schwer möglich, an den Hausaufgaben zu arbeiten. Ich hoffe, Sie haben Verständnis für meine Situation.
Mit freundlichen Grüßen
Georg Hipp

Auswertung zum Test

Für jede richtige Korrektur erhältst du einen Punkt. Für „falsche“ Korrekturen musst du dir jeweils einen Punkt abziehen.

Von insgesamt 4 Punkten hast du .... Punkte erreicht.

Super!	In Ordnung!	Bitte noch einmal üben!
4 Punkte	3 Punkte	Weniger als 3 Punkte

Seite 16

1. am **Tag**/~~tag~~; ... **nachts**/~~Nachts~~ schläft man; ... ~~Abends~~/**abends** liest er ein Buch; in der ~~nacht~~/**Nacht**; **morgens**/~~Morgens~~; am ~~morgen~~/**Morgen**; **mittags**/~~Mittags~~; an manchen ~~tagen~~/**Tagen**

2. Ein Mann kommt zum Arzt und klagt über Müdigkeit. Der Arzt möchte genauer wissen, wann am Tag oder nachts die Schlafprobleme auftreten. Der Patient erklärt: „Also abends schlafe ich schon früh ein. In der Nacht schlafe ich meist durch und morgens stehe ich erst spät auf. Eigentlich ist es da schon spät am Morgen. Aber mittags, da liege ich an manchen Tagen stundenlang wach und kann nicht einschlafen.“

3. Karen geht morgens zur Schule. Nur morgen geht sie erst nachmittags hin. Denn am Vormittag muss sie noch einiges vorbereiten für das Schulfest, das mittags beginnt und bis zum Abend geht.

Seite 17

Test

Das Bedienen eines Seilaufzugs will gelernt sein, das ist an sich nichts Neues. Das musste auch David einsehen. Er sollte überzählige Dachziegel aus dem zweiten Stock heruntertransportieren, aber zum Tragen war er zu faul. So kam er auf die Idee mit dem Seil, welches die Maurer für das Hochziehen kleinerer Lasten benutzt hatten. Das eine Ende befestigte er an einem Pflock, der in die Erde gerammt war. Am anderen Ende hing eine Kiste, die für das Aufnehmen der Ziegel geeignet war. Nach dem Beladen der Kiste löste David das Seil vom Pflock, hielt sich am Seil fest und schwebte immer schneller nach oben, von wo ihm die Kiste entgegenkam. Das Festhalten wurde ihm nun zum Verhängnis, denn die erste Begegnung mit der Kiste brachte ihm auch die erste Beule ein. Die Kiste raste zu Boden, zersprang beim Aufschlagen und war nun leichter als David, der sich inzwischen an der Eisenrolle, über die das Seil lief, den Kopf angeschlagen hatte. Im Fallen streifte David mit dem Rücken die kümmerlichen Reste der Kiste und zog sich eine kräftige Schramme zu, und das Landen am Boden führte zu einem Beinbruch. Jetzt erst ließ David das Seil los. Dieses Loslassen aber hatte zur Folge, dass die restlichen Bretter mitsamt dem Seil unter Krachen und Poltern zurückfielen und David unter sich begruben.

Auswertung zum Test
Für jede richtige Großschreibung erhältst du einen Punkt. Für „falsche" Korrekturen musst du dir jeweils einen Punkt abziehen.

Von insgesamt 67 Punkten hast du .... Punkte erreicht.

Super!	In Ordnung!	Bitte noch einmal üben!
67 bis 54 Punkte	53 bis 34 Punkte	Weniger als 34 Punkte

Seite 18

1. Tims Freund David war bestimmt nicht der Hellste, aber wenn es um etwas Praktisches ging, hatte er manchmal verblüffend einfache Lösungen parat. Neulich aber ging ihm das Lösen eines Problems doch daneben, und Tim blieb nur noch ein Kopfschütteln, als David am Hinterrad seines Fahrrads das Ventil öffnete. Durch das Herauslassen der Luft wollte er den Sattel tieferlegen.

2.

Tim	Eigenname + Satzanfang
Freund	Substantiv
David	Eigenname
Hellste	Substantivierung eines Adjektivs
Praktisches	Substantivierung eines Adjektivs
Lösungen	Substantiv
Neulich	Satzanfang
Lösen	Substantivierung eines Verbs
Problems	Substantiv
Tim	Name
Kopfschütteln	Substantivierung eines Verbs
David	Eigenname
Hinterrad	Substantiv
Fahrrades	Substantiv
Ventil	Substantiv
Durch	Satzanfang
Herauslassen	Substantivierung eines Verbs
Luft	Substantiv
Sattel	Substantiv

Seite 19

3. a) Beim ~~streiten~~/**Streiten** war er ...
   b) ..., auch beim **Diskutieren**/~~diskutieren~~ war er ...
   c) Ich bringe dem Papagei das **Reden**/~~reden~~ bei.
   d) Wir erlebten manches ~~schöne~~/**Schöne**.
   e) wir verzichteten auf manches **Angenehme**/~~angenehme~~ ...

4. Beispiellösung: Ich bringe dem Papagei bei, zu reden.

Auswertung zum Test

Da es bei diesem Dikat um Groß- und Kleinschreibung ging, gib dir für jede richtige Großschreibung einen Punkt. Zieh dir aber auch für jeden Fehler einen Punkt ab.

Von insgesamt 41 Punkten hast du .... Punkte erreicht.

Super!	In Ordnung!	Bitte noch einmal üben!
41 bis 33 Punkte	32 bis 21 Punkte	Weniger als 21 Punkte

Seite 20

1. Ich gehe abends ins Bett; den ganzen Morgen; nachmittags; am Abend; des Abends; am nächsten Morgen; gestern Abend; heute Morgen; abends bin ich müde; jeden Morgen; heute Abend

2. am **Freitag**/~~freitag~~; am frühen ~~morgen~~/**Morgen**; am ~~abend~~/**Abend**; in der **Nacht**/~~nacht~~; am **Morgen**/~~morgen~~; am ~~vormittag~~/**Vormittag**; ... er hofft, dass er **heute**/~~Heute~~ oder **morgen**/~~Morgen~~ kommen kann ...

Seite 21

3. „Wer bin ich? Des Morgens gehe ich auf vier Beinen, mittags auf zweien und am Abend benutze ich drei Beine." (Übrigens: Die Antwort lautet **der Mensch**. Als Baby krabbelt er. Später geht er auf zwei Beinen. Im Alter braucht man einen Stock.)

4. a) Wer am ~~morgen~~/**Morgen** arbeitet, kann **abends**/~~Abends~~ feiern.
   b) Wir fahren **heute**/~~Heute~~ oder **morgen**/~~Morgen~~.
   c) Wenn wir heute ~~abend~~/**Abend** fahren, haben wir **morgen**/~~Morgen~~ mehr Zeit.

Test

Am Freitag erlebte Herr Kunz eine böse Überraschung, als er am frühen Morgen sein Auto besteigen und losfahren wollte. Er hatte den Wagen am Abend zuvor vorschriftsmäßig am Straßenrand geparkt, wie er das abends immer zu tun pflegte. In der Nacht aber mussten Unbekannte an dem Wagen gearbeitet haben, denn am Morgen, als Herr Kunz das Auto bestiegen und den Motor gestartet hatte, tat sich nichts, obwohl er den Gang eingelegt und die Kupplung losgelassen hatte. Man hatte den Wagen nachts auf vier Backsteinstapel aufgebockt und die Räder abmontiert.

Auswertung zum Test

Hast du dich richtig entschieden?

Von insgesamt 7 Punkten hast du .... Punkte erreicht.

Super!	In Ordnung!	Bitte noch einmal üben!
7 bis 6 Punkte	5 bis 4 Punkte	Weniger als 4 Punkte

Seite 22

1. beim **Bedienen**/~~bedienen~~; nichts ~~neues~~/**Neues**; zum **Tragen**/~~tragen~~ war er zu faul; zum ~~hochziehen~~/**Hochziehen** reichte es; beim **Aufnehmen**/~~aufnehmen~~ der Steine; nach dem **Beladen**/~~beladen~~; beim ~~festhalten~~/**Festhalten**; es wurde zum **Verhängnis**/~~verhängnis~~; beim ~~aufschlagen~~/**Aufschlagen**; im ~~fallen~~/**Fallen** drehte er sich; vom **Landen**/~~landen~~ am **Boden**/~~boden~~ hörte man ein **Krachen**/~~krachen~~ und ~~poltern~~/**Poltern**

2. Ich halte nichts vom Nachgeben. Er denkt immer ans Arbeiten und vernachlässigt es, sich zu erholen. Wir wollen beim Spielen wie beim Wandern zusammenbleiben. Zum Nachdenken braucht man Ruhe und Zeit. Er dachte schon ans Aufhören, da ging es für ihn erst richtig los mit dem Arbeiten.

3. Beim Spielen kann man sich erholen. Wer beim Würfeln Glück hat, hat schnell gewonnen. Manches Fluchen ist vom Verlierer zu hören. Auch inständiges Wünschen hilft nicht gegen Würfelpech.

Seite 23

4. viel ~~gutes~~/**Gutes**; wenig ~~erfreuliches~~/**Erfreuliches**; beim **lauten**/~~Lauten~~ ~~vorlesen~~/Vorlesen; nach dem **Aufstehen**/~~aufstehen~~ reichte es; beim **Radeln**/~~radeln~~

5. Beispiellösung: Manche Untersuchungen geben Hinweise darauf, dass durch Großschreibung mancher Worte ein Text schneller gelesen werden kann.

Auswertung zum Test
Hast du keinen Fehler? Dann bekommst du 20 Punkte. Ziehe dir für jeden Fehler einen Punkt ab. Bei Satzzeichenfehlern zieh dir jedoch nur je einen halben Punkt ab.

Von insgesamt 20 Punkten hast du .... Punkte erreicht.

Super!	In Ordnung!	Bitte noch einmal üben!
20 bis 16 Punkte	15 bis 11 Punkte	Weniger als 11 Punkte

Seite 24

1. **italienisches**/~~Italienisches~~ Lokal; ~~schwarzwälder~~/**Schwarzwälder** Schinken; **pfälzischer**/~~Pfälzischer~~ Spargel; ~~wiener~~/**Wiener** Schnitzel; ein kleiner ~~griechischer~~/**Griechischer** Salat; **spanische**/~~Spanische~~ Orangen; **Schweizer**/~~schweizer~~ Käse; **französischer**/~~Französischer~~ Höhlenkäse; **griechischer**/~~Griechischer~~ Schafskäse; ~~badener~~/**Badener** Wein

2. Sie zogen durch die Burgundische Pforte ins obere Rheintal. Er liebte Burgunder Wein. Sie verkaufte Pfälzer Kartoffeln. Er mochte den badischen Wein sehr. Die Elsäßer Küche ist berühmt. Oma liebte Schwarzwälder Kirschtorte.

Seite 25

3. a) Er liebte spanische Musik.
   b) Wir wollen holländischen Käse kaufen.
   c) Carla schwärmte von der Berliner Luft.

Test
Fabian durfte sein Menü selbst zusammenstellen. Als Vorspeise wählte er Schwarzwälder Schinken mit pfälzischen Spargeln, zum Hauptgang wollte er, obwohl sein Vater protestierte, Wiener Schnitzel mit Pommes frites und Ketchup. Dazu bestellte er einen kleinen Griechischen Salat. Zu Trinken gab es Orangensaft aus frisch gepressten spanischen Orangen. Sein Vater stellte ihm von der Käseplatte eine kleine Auswahl zusammen. Er wählte Schweizer Käse, französischen Höhlenkäse sowie griechischen Schafskäse.

Auswertung zum Test
Jede richtig gefüllte Lücke bringt einen Punkt.

Von insgesamt 8 Punkten hast du .... Punkte erreicht.

Super!	In Ordnung!	Bitte noch einmal üben!
8 bis 7 Punkte	6 bis 5 Punkte	Weniger als 5 Punkte

Seite 26

1. am Tag vor dem ~~heiligen~~/**Heiligen Abend**/~~abend~~; der ~~erste~~/**Erste** Bürgermeister hielt die Eröffnungsrede; ... die Nacht vor dem **Ersten**/~~ersten~~ Mai ...; er war am ~~grünen~~/**Grünen** Star erkrankt; er suchte im Telefonbuch die **Gelben**/~~gelben~~ Seiten

2. das Überraschende; alles Freche; blitzschnelles Reagieren; viel Langweiliges; auffordern zum Mitarbeiten; durch Drohen und Ermahnen; beim Träumen

3. Viel Neues haben wir nicht erfahren, wenngleich er manches Interessante erzählte. Einige Dumme wird es immer geben, die den übrigen Leuten das Leben schwer machen. Man sprach vom Schwarzen Freitag in Erinnerung an jenen berühmten Tag, der einen Höhepunkt der Wirtschaftskrise darstellte.

Seite 27

4. nichts ~~gutes~~/**Gutes**; viel ~~schönes~~/**Schönes**; einiges ~~richtige~~/**Richtige**; wenig ~~sehenswertes~~/**Sehenswertes**

5. Beispiellösung: Der große Bär trat aus der Höhle. Kurz sah er nach oben zum Großen Bären, dem Sternbild, das er liebte.

Test
Manches Alte ist verbesserungswürdig, aber auch vieles Neue kann noch verbessert werden. Die Verkehrssituation vor Monis Schule wurde von Tag zu Tag gefährlicher. Als dann vier Tage vor dem Heiligen Abend gleich drei Kinder angefahren wurden, entschloss man sich, ein Warnschild anzubringen. Im Auftrag des Ersten Bürgermeisters, der für die Schulen zuständig war, hängten die städtischen Bediensteten ein Schild auf, auf dem zu lesen war: „Nehmen Sie Rücksicht! Überfahren Sie nicht die Kinder!“ In der Nacht vor dem Ersten Mai, der sogenannten „Hexennacht“, hängte Moni ein zweites Schild darunter, welches besagte: „Warten Sie lieber auf die Lehrer!“

Auswertung zum Test
Jede richtige Entscheidung bringt einen Punkt.

Von insgesamt 6 Punkten hast du .... Punkte erreicht.

Super!	In Ordnung!	Bitte noch einmal üben!
6 bis 5 Punkte	4 bis 3 Punkte	Weniger als 3 Punkte

Seite 28

1. die Anfangszeit; ein tonreicher und sangesfreudiger Vogel; weltabgewandt; nachtigallengleich; Nachthimmel; Lebenszeit; Buschwerk; Menschensiedlungen; kulturlose Landbevölkerung; Stadtbewohner

2. das Bauen von Nestern; ein kunstfertiger Baumeister; ein kunstvoller Irrgarten; die Heimatstadt; am Fliehen hindern; erfindungsreich; vogelgleich; Vogelmensch; pfeilschnell; Festland; der angstvolle Klageruf; Sonnenstrahlen; hilflos; haushohe Wellen

3. erdfarben; faustdick; Wildwuchs; Blaupause; kopflos, Wirrkopf; mausgrau; Grünschnabel; himmelblau; wolkenverhangen Seite 29

4. Beispiellösung: Der mausgraue Angestellte hatte es faustdick hinter den Ohren. So ein Günschnabel! Sei nicht so kopflos!

5. Beispiellösung: Bleifeder, schwarzbunt, lahmeilig, rundeckig, dunkelscheinend

Test
Dädalus galt als der Kunstfertigste Baumeister seiner Zeit. Auf Kreta hatte er dem König Minos den Kunstvollen irrgarten gebaut, den man das Labyrinth nannte. Nach beendigung der Arbeiten wollte er wieder in seine Heimatstadt Athen zurückkehren, Minos aber wollte auf sein können nicht verzichten und verwehrte ihm die Rückkehr. Dädalus aber war Erfindungsreich und konstruierte aus Vogelfedern für sich und seinen Sohn Ikarus je ein paar Flügel. Die Federn wurden mit fäden verknüpft und mit Wachs verklebt. Eines Tages legte Dädalus morgens die Flügel an, schwang sich in die Luft und schwebte Vogelgleich dahin. Sein Sohn folgte ihm. Beide waren im fliegen noch ohne übung. Dädalus ermahnte Ikarus, er sollte nicht zu hoch fliegen und der Sonne nicht zu nahe kommen, damit das Wachs nicht schmilzt. Auch zu tiefes fliegen konnte gefährlich werden, denn die meereswellen könnten seine Federn durchnässen und zu schwer machen. Dädalus flog Voraus und der Knabe folgte ihm gehorsam. Die vogelmenschen überflogen Pfeilschnell das Meer. Ikarus wurde bald übermutig, vergaß die Väterlichen Ratschläge, flog immer höher und kam der Sonne zu nah. Die Sonnenstrahlen aber ließen das Wachs schmelzen und die Kunstvollen Flügel lösten sich auf. Ikarus stürzte Hilflos ins Meer, wo ihn Haushohe Wellen verschlangen.

Auswertung zum Test
Jede richtige Markierung gibt einen Punkt.

Von insgesamt 19 Punkten hast du .... Punkte erreicht.

Super!	In Ordnung!	Bitte noch einmal üben!
19 bis 15 Punkte	14 bis 10 Punkte	Weniger als 10 Punkte

1. In Spitzenzeiten startet und landet auf den großen Flughäfen jede Minute eine Maschine. Jedes dieser Flugzeuge muss über Radar und Sprechfunk geleitet werden. Dabei darf das Einhalten bestimmter Sicherheitsabstände und Höhenstaffelungen nicht außer Acht gelassen werden. Der Beruf des Flugsicherungslotsen gilt als Hochleistungsberuf, den im Grunde nur Menschen mit außergewöhnlich guter Gesundheit und auch mit besonderen geistigen und psychischen Fähigkeiten ausüben können. Da bleibt während der Arbeit keine Zeit, Zeitung zu lesen oder auch nur etwas Radio zu hören. Ununterbrochene Konzentration ist Grundvoraussetzung für reibungslose Abläufe. Auch nach der Ausbildung ist der Beruf geprägt vom Erwerben und dem ständigen Erhalten und Erweitern technischer Qualifikationen. Im Grunde muss der Lotse in Kauf nehmen, dass er praktisch lebenslänglich dazulernen muss. Seite 30

Seite 31

2. Er schrieb einen klasse Aufsatz. Sein Aufsatz stellte eine Klasse für sich dar. Karen lernte noch Maschine schreiben, obwohl es kaum noch Schreibmaschinen gibt. Er war auf Abruf bereit, die Lücke zu füllen. Im Grunde ist das alles recht einfach. Auch wenn man die Schwierigkeiten außer Acht lässt, hat er zu viele Fehler gemacht.

Test

Er tut mir **leid**/~~Leid~~; du bist daran ~~Schuld~~/**schuld**. Ich finde das **klasse**/~~Klasse~~. Da kann einem ~~Angst~~/**angst** und ~~Bange~~/**bange** werden. Das kommt mir gerade **recht**/~~Recht~~. Das Unternehmen geht in ~~bälde~~/**Bälde** ~~Pleite~~/**pleite**. Das war ~~spitze~~/**Spitze**, wie er auf **Abruf**/~~abruf~~ die volle **Leistung**/~~leistung~~ brachte. Wir sind ihm nicht **gram**/~~Gram~~, er tut uns vielmehr nur **leid**/~~Leid~~.

Auswertung zum Test

Für jede richtige Streichung gibt es einen Punkt.

Von insgesamt 13 Punkten hast du .... Punkte erreicht.

Super!	In Ordnung!	Bitte noch einmal üben!
13 bis 10 Punkte	9 bis 7 Punkte	Weniger als 7 Punkte

Seite 32

1. a) Die **schwächste**/~~Schwächste~~ und **kleinste**/~~Kleinste~~ aller Fledermäuse.
   b) Sie versuchte **dieses**/~~Dieses~~ und ~~Jenes~~/**jenes**.
   c) Er hat ~~Alles~~/**alles** beobachtet.

2. Eine junge Fledermaus startete zu ihrem ersten Flugversuch. Sie war bestimmt die schwächste und kleinste von allen Fledermäusen. So geriet sie auch schnell ins Trudeln, versuchte dieses und jenes und stürzte schließlich ins Gras. Ein Wiesel hatte alles beobachtet. Es kam und wollte sie verspeisen. „Ich hasse dich, weil ich alle Vögel hasse!", sagte das Wiesel. Und beinahe hätte es zugebissen und der Fledermaus ein schnelles Ende bereitet. Die Fledermaus aber besann sich nicht lange und sagte schnell: „Ich bin doch eine Maus!" Dem Wiesel war schon manches passiert, aber das noch nicht. Sprachlos wandte es sich zum Gehen. Da kam wie auf Abruf die Katze, die es klasse fand, so einfach zu einer Maus zu kommen. „Ich bin keine Maus!" zeterte die Fledermaus, „Ich bin ein Vogel!" „Wenn ich Hunger habe, mache ich da keinen Unterschied!" sprach die Katze und verspeiste die Fledermaus.

Seite 33

Test

Die Frömmigkeit des Münchner Erzbischofs war bekannt. Nun hatte er sich aber ein großes Ziel vorgenommen: Die Leute sollten weniger fluchen. Eines Tages fuhr er mit seinem Sekretär über Land, als der Motor seines Wagens anfing zu stottern. Das alles ließ Schlimmes befürchten. Mit einem Stöhnen stieg der Sekretär aus, öffnete die Motorhaube, rüttelte an dem einen oder anderen, stieg wieder ein und ließ den Anlasser orgeln. Der Motor gab keinen Laut von sich. Der Sekretär erprobte nun dieses und jenes. Alles war umsonst. Da wurde es dem Sekretar zu viel. „Himmelkreuzdonnerwetter, Mistkarre, verfluchte!", fluchte er. Der Erzbischof ermahnte ihn, er solle doch das Fluchen lassen und es einmal mit Beten versuchen. Der Sekretär nahm den Rat an und sprach ein stilles Gebet, ehe er erneut probierte, das Auto zu starten. Der Motor sprang an. „Verdammt und zugenäht!", entschlüpfte es da dem Erzbischof, „Das funktioniert wirklich!"

Auswertung zum Test

Für jede richtige Korrektur bekommst du einen Punkt.

Von insgesamt 12 Punkten hast du .... Punkte erreicht.

Super!	In Ordnung!	Bitte noch einmal üben!
12 bis 10 Punkte	9 bis 6 Punkte	Weniger als 6 Punkte

Seite 34

1. die schildbürger mochten eigentlich alle tiere, die einen mehr, die anderen vielleicht etwas weniger. ärger hatten sie dann aber oft mit den wühlmäusen, die ihnen manches zunichte machten, was sie im garten gesät und gepflegt hatten. so beschloss man, die wühlmäuse in fallen zu fangen. tatsächlich hatten sich dann auch einige in die fallen verlaufen. die schildbürger aber brachten es nicht übers herz, die armen tierchen zu töten. es gab da einiges, das ihnen weiterhalf. so trugen sie sie auf den benachbarten acker und ließen sie wieder laufen. das hatte nun aber nicht viel genutzt. die tierchen kehrten postwendend in die garten der schildbürger zurück. da hatten die schildbürger eigentlich etwas ganz anderes erwartet.

2. a) Auch, wenn er mir nur weniges sagte, so gab er doch manchem einen Denkanstoß.
   b) Herr Krug legte auf das eine großen Wert: Er bestand darauf, dass niemand fehlte.
   c) Auch wenn einige noch müde waren, so waren die meisten doch begeistert bei der Sache.

Seite 35

Test

Pythagoras war, wie heute jedermann weiß, ein großer gelehrter. Aber auch ihm fiel bei seinem Forschen und Nachdenken nicht alles in den Schoß. Es gab doch manches, das ihm schwierigkeiten machte. Er war schon tagelang am grübeln, zeichnete im sand, maß, wischte aus. es war fast zum verzweifeln. einmal hatte er das eine, einmal das andere außer acht gelassen. Im grunde aber war alles ganz einfach, und so gelang es ihm, die gesetzmäßigkeit im rechtwinkeligen dreieck zu beschreiben, ohne kompromisse in kauf nehmen zu müssen. Das quadrat über der grundlinie war genauso groß wie die summe der quadrate der beiden seitenlinien. man kann sich das erleichterte aufseufzen des großen mathematikers vorstellen, der endlich das lange gesuchte gesetz entdeckt und formuliert hatte. vor freude eilte pythagoras zum tempel, um den göttern seinen dank abzustatten. Auf dem weg erzählte er allen bekannten, die er traf, von seiner entdeckung und bat sie, an seiner freude teilzunehmen und mit ihm zum tempel zu ziehen. so kam in bälde eine kleine prozession dort an. So groß war die freude des pythagoras, dass er eine ganze hekatombe, das sind einhundert stiere, zum dank den göttern opferte. da schüttelte einer seiner mitfeiernden nachdenklich den kopf. „von nun an", bemerkte er zu einem anderen, „werden alle ochsen zittern, wenn wieder eine neue wahrheit entdeckt wird."

Auswertung zum Test

Es gibt je einen Punkt für richtige Markierungen. Hast du falsch markiert, musst du jeweils einen Punkt abziehen.

Von insgesamt 47 Punkten hast du .... Punkte erreicht.

Super!	In Ordnung!	Bitte noch einmal üben!
47 bis 38 Punkte	37 bis 24 Punkte	Weniger als 24 Punkte

Kapitel 2: Lange Vokale

Seite 36

1. a) groß b) Buch c) Plan d) Monate

2. Ruine; Primel; Tiger; Biber; Marmelade; Rosine; Violine

Seite 37

Test
groß; wegen; jeden; Buch; erledigt; Wut; Plan; Monat; Straßen; Flöte; Ton; Flöte; angezogen; Tor; je (oder: jemals)

Auswertung zum Test
Für jedes richtige Wort bekommst du einen Punkt.

Von insgesamt 15 Punkten hast du .... Punkte erreicht.

Super!	In Ordnung!	Bitte noch einmal üben!
15 bis 12 Punkte	11 bis 8 Punkte	Weniger als 8 Punkte

Seite 38

1. a) Sie ruderten in einem kleinen Boot auf den See, um Aale zu fangen.
   b) Er goss heißen Tee in die leere Tasse. Lieber hätte er Kaffee getrunken, aber niemand war auf die Idee gekommen, welchen zu besorgen. Oder: Er goss heißen Kaffee in die leere Tasse. Lieber hätte er Tee getrunken, aber niemand war auf die Idee gekommen, welchen zu besorgen.
   c) Die gute Fee trug langes, blondes Haar.
   d) Die Schiffe der berühmten Reederei befuhren alle Meere der Welt.

Seite 39

2. Schnee – See, Fee, Reh, Weh, geh
   Not – Boot, Kot, rot, Schrot, Schlot, Brot, tot

3. **Gras/~~Graas~~; Stahl/~~Staal~~; ~~Stahl~~/Staat; Mohr/Moor/~~Mor~~; Waage/~~Wage~~; ~~Wooge~~/Woge**

4. Die Doppelvokale gehören in diesen Fällen nicht zu einer Silbe. Sie stoßen an den Silbengrenzen zusammen und werden jeweils gesprochen.

Test
Beete, eingesät, Klee, gejätet, Saatkörner, Moos, Schade, leer

Auswertung zum Test
Für jeden richtigen Vokal erhältst du einen Punkt.

Von insgesamt 8 Punkten hast du .... Punkte erreicht.

Super!	In Ordnung!	Bitte noch einmal üben!
8 bis 7 Punkte	6 bis 5 Punkte	Weniger als 5 Punkte

Seite 40

1. fließt, schließt, gießt, schießt
   ließ, Kies
   viel, Ziel
   ziehen, fliehen
   Brief, lief, schief

2. a) ich schlief   b) ich rief   c) ich lief   d) ich riet

3. a) Er schlief so tief, dass es ihm nicht auffiel, dass das Wasser immer höher stieg.
   b) Die Kinder liefen über die schiefe Rutschbahn und fielen auch prompt hin.
   c) Die Tiger brüllten laut und warteten gierig auf das Futter.

Seite 41

4. **wiegen/~~wihgen~~/~~wigen~~; ~~wihern~~/wiehern; siegen/~~sigen~~/~~siehgen~~; Liege/~~Lihge~~/ ~~Lige~~; Liga/~~Ligha~~/~~Liega~~**

5. a) Im Krieg mussten viele Menschen fliehen.
   b) Die Vernunft hat gesiegt, und die Menschen können in Frieden leben.
   c) Immer wieder gab es Widerspruch.

Test
immer, Schwierigkeiten, sieben, klingelt, hochzieht, sieht, ziemlich, Badezimmer, riskiert, Spiegel, schließt, wieder, Lider, Spiegel

<u>Auswertung zum Test</u>
Für jeden richtig eingesetzten i-Laut erhältst du einen Punkt.

Von insgesamt 15 Punkten hast du .... Punkte erreicht.

Super!	In Ordnung!	Bitte noch einmal üben!
15 bis 12 Punkte	11 bis 8 Punkte	Weniger als 8 Punkte

Seite 42

1. **Alle Turmuhren gehen eine Stunde vor**
   Es gibt eine Stadt, da gehen alle Uhren eine Stunde vor. Soll ich euch erzählen, wie es dazu kam? Einmal wurde die Stadt von gefährlichen Feinden belagert. Verschiedene Heere hatten sich zusammengetan und wollten die Stadt erobern. Für den Angriff vereinbarte man eine bestimmte Uhrzeit. Um ein Uhr in der Nacht sollten alle Kanonenrohre abgefeuert werden. Ein kluger Uhrmacher vernahm diesen Plan, denn ein Reisender hat ihm davon erzählt. Sofort erkannte er die Gefahr. Um die Stadt und ihre Bewohner zu retten, drehte er die Zeiger aller Turmuhren um eine Stunde nach vorn. Während die Feinde auf den ersten Uhrenschlag nach Mitternacht warteten, schlugen alle Uhren zweimal. Die Feinde trauten ihren Ohren nicht, waren sehr verwirrt und ließen von ihrem Plan ab.

Seite 43

2. a) Er stellte kluge Fragen.
   b) Er wagte es nicht, so bald nach Hause zu gehen.
   c) Niemand wehrte sich gegen das Lärmen der vielen Schüler.
   d) Die Söhne der jungen Väter wuchsen heran.

Lange Vokale

Test

Während der Wind wehte, blähte sich das Segel auf. Auf dem See waren nur leichte Wellen zu sehen. Jörg lehnte sich über die Bordwand und ließ seine Hand ins Wasser sinken. Weswegen wollte er eigentlich weg von hier? Die Brise wurde etwas stärker und das Boot nahm Fahrt auf. Fast geräuschlos glitt es jetzt durchs Wasser. Bald aber ließ der Wind wieder nach, es wurde kühl und Jörg drehte um. Er wollte noch am Steg sein, ehe die Flaute alles stilllegte.

Auswertung zum Test

Für jeden richtig eingesetzten Vokal erhältst du einen Punkt.

Von insgesamt 21 Punkten hast du .... Punkte erreicht.

Super!	In Ordnung!	Bitte noch einmal üben!
21 bis 17 Punkte	16 bis 11 Punkte	Weniger als 11 Punkte

Seite 44

1. Er hatte keine andere Wahl. Der Wal lebt im Meer. Kaffee wird gemahlen. Maria malt ein Bild. Er schreibt einen guten Stil . Der Besenstiel war gebrochen. Sein Augenlid brannte. Die Kinder sangen ein Lied. Er verzog keine Miene. Im Kuli fehlt die Mine. Im Saal herrscht eine gähnende Leere. Das war ihm eine Lehre.

2. Beispiellösung: Dragee, Gelee, Moschee, Resümee, Soufflee, Armee, Tournee, Separee ...

Seite 45

3. a) Durch die Täler wehte ein kühler Wind.
   b) Die Räder der Sägemühle drehten sich langsam.

Test

Viele, Kaffeesatz, lesen, Staatsmänner, Regierung, Flugbahn, Speeres, Sees, kämen, sehr, wieder, bloß, orientieren, Klischee, vierblättriges, Kleeblatt, Viele, schließen, Waage, ausgewogen, wirklich.

Auswertung zum Test

Für jeden richtig eingesetzten Vokal erhältst du einen Punkt.

Von insgesamt 21 Punkten hast du .... Punkte erreicht.

Super!	In Ordnung!	Bitte noch einmal üben!
21 bis 17 Punkte	16 bis 11 Punkte	Weniger als 11 Punkte

Seite 46

1. Musik, Politik, Appetit, Fabrik, Medizin, Notiz, Fantasie, Melodie, Energie, Fotografie, imponieren, Papier, Lotterie, reagieren, aktiv, labil, Stativ (oder: Statik)

2. Sie sah das Bild nicht. Er floh schon bald. Die Blume blühte wunderschön. Das Feuer glühte im Herd.

Seite 47

Test

Straßen, zerstören, drohen, garantiert, Wanderurlaub, Erholung, Frühe, Schuhe, Frühstück, fehlen, Tal, während, Tages, sehen, nah, viele, Strapazen, Wege, Wiesen, allmählich, Anstieg, beschwerlicher, Ziel, Belohnung, erfährt, Frühstück, Tal, spürt, Ruhe, Windböe, Mühen, lohnen, bietet, oben, drehen, Tal, sehen, Gefühl, spüren, erfahren

Auswertung zum Test
Für jede richtig gefüllte Lücke erhältst du einen Punkt.

Von insgesamt 40 Punkten hast du .... Punkte erreicht.

Super!	In Ordnung!	Bitte noch einmal üben!
40 bis 32 Punkte	31 bis 21 Punkte	Weniger als 21 Punkte

Seite 48

1. Lid, Lied, Stil, Stiel, Mine, Miene, Ur, Uhr, Wal, Wahl, Wände, Wende, Nachname, Nachnahme, rein, Rain, Rute, Route, Leib, Laib, Sole, Sohle, malen, mahlen, Wagen, Waagen

Seite 49

Auswertung zum Test
Hast du alles richtig? Dann hast du 16 Punkte. Ziehe dir für jeden Fehler einen Punkt ab.

Von insgesamt 16 Punkten hast du .... Punkte erreicht.

Super!	In Ordnung!	Bitte noch einmal üben!
16 bis 13 Punkte	12 bis 9 Punkte	Weniger als 9 Punkte

Seite 50

1. Festmahl, eingeladen, nämlich, wunderbare, Idee, Festmahl, verschiedenen, Klee, Löwenzahn, Gräser, Haar, Distelgemüse, probiert, hielt, sehr, Kaffee, nämlich, serviert, ließ, nehmen, anzubieten.

2. a) Haar → das Härchen
   b) Paar → das Pärchen
   c) Saal → die Säle
   d) Boot → das Bötchen

Seite 51

3. a) Er brauchte eine Waage, denn er wollte etwas wiegen.
   b) In der Sage spielt eine Fee eine große Rolle.
   c) Lea lieh sich ein Segelboot.
   d) Am Ufer des Sees war feiner Kies aufgeschüttet.

Test
Linienreederei, Fusion, Reederei, Name, Linie, frühen, Unternehmen, Jahr, Überfahrten, durchführten, luxuriös, boten, Passagiere, Tanzsäle, transportierten, riesigen Boote, während, Weltkriegs, Staat, Reedereien, Kriegseinsatz, Krieg, beschlagnahmt

Auswertung zum Test
Für jede richtig gefüllte Lücke bekommst du einen Punkt.

Von insgesamt 25 Punkten hast du .... Punkte erreicht.

Super!	In Ordnung!	Bitte noch einmal üben!
25 bis 20 Punkte	19 bis 13 Punkte	Weniger als 13 Punkte

Kurze Vokale

Seite 52

1. stöhnen, frönen, schönen, fönen, verpönen, ertönen, versöhnen
   wohnen, schonen, klonen, thronen, betonen, Stationen, belohnen
   Rohr, fror, Chor, Chlor, schwor, Tor, Labor
   entbehren, beschweren, begehren, verehren, vermehren, lehren

2. Er fuhr sich mit den Fingern durch die Haare, sah kurz zur Bühne hoch und fing allmählich an, zu begreifen. Das war wohl alles nur Theater, was sich da auch zwischen den Stuhlreihen abspielte. Die vermeintlichen Zuschauer waren Schauspieler, die ihre Rollen spielten, mehr nicht. Da führte einer im Hintergrund verdammt gut Regie. Und er musste wohl oder übel gute Miene zum bösen Spiel machen. Und das an seinem Geburtstag! So also sah die Überraschung aus, die man ihm „angedroht" hatte. Eines musste er aber doch zugeben: Die Idee war gut, sogar sehr gut.

Seite 53

Auswertung zum Test
Hast du alles richtig? Dann hast du 26 Punkte. Ziehe dir für jeden Fehler einen Punkt ab.

Von insgesamt 26 Punkten hast du .... Punkte erreicht.

Super!	In Ordnung!	Bitte noch einmal üben!
26 bis 21 Punkte	20 bis 14 Punkte	Weniger als 14 Punkte

Kapitel 3: Kurze Vokale

Seite 54

1. **flitzen/~~flizzen~~; retten/~~reten~~; wetten/~~weten~~; Ebbe/~~Ebe~~; Kontakt/~~Kontackt~~; Lektüre/~~Lecktüre~~; Koffer/~~Kofer~~; knabbern/~~knabern~~; Dokument/~~Dockument~~; ~~trefen~~/treffen; ~~belen~~/bellen; Grille/~~Grile~~; ganz/~~gantz~~; kurz/~~kurtz~~; flitzen/~~flizen~~, Blitz/~~Bliz~~; ~~wizig~~/witzig, ~~Flekk~~/~~Flek~~/Fleck**

2. a) dünn b) Bett c) Acker d) gerettet
   e) Kappe

Seite 55

3. schwatzen; brennen; er sonnte sich; flitzen; schmelzen; Wanze, Kerze, hetzen, heizen; wollen

Auswertung zum Test
Es ging vor allem um die markierten Wörter. Gib dir für jedes richtig geschriebene (markierte) Wort einen Punkt.

Von insgesamt 28 Punkten hast du .... Punkte erreicht.

Super!	In Ordnung!	Bitte noch einmal üben!
28 bis 23 Punkte	22 bis 15 Punkte	Weniger als 15 Punkte

Seite 56

1. Waffelbäcker, trottet, Mutter, Hacke, Buddeln, willst, Komm, Jacke, fülle, bitte, Baumstamm, schneller, Bäumepflanzen, brummelt, Herzen, dummen, meckern, Rücken, schlimm, rumgehackt, schluckt, unterdrücken, schlimm, schlimmer, schwänzen, kannst, musst, Direktor

Test Seite 57

Lehrer lieben es bisweilen, ihre Schüler mit Spott zu überschütten, sie etwas ironisch anzugehen und immer wieder auch wenigstens indirekt zu beschimpfen. So hatte neulich ein Lehrer einen Schüler wissen lassen: „Einer von uns beiden muss wohl ein Volltrottel sein!“ Der Schüler konnte das so nicht auf sich sitzen lassen. Am nächsten Tag überreichte er seinem Lehrer einen Zettel, der vom Rezeptblock eines Arztes stammte. Auf die Frage, was das sein solle, antwortete er: „Das ist ein Attest vom Schularzt. Es bestätigt mir, dass ich völlig normal bin. Nun müssen Sie den Volltrottel irgendwo anders suchen.“

Auswertung zum Test

Für jede richtige Ergänzung erhältst du einen Punkt.

Von insgesamt 24 Punkten hast du .... Punkte erreicht.

Super!	In Ordnung!	Bitte noch einmal üben!
24 bis 19 Punkte	18 bis 13 Punkte	Weniger als 13 Punkte

1. **Konkurrenz/~~Konkurenz~~; ~~Spageti~~/Spaghetti; ~~Makaroni~~/Makkaroni; ~~Pitza~~/Pizza; ~~Döhner~~/Döner; ~~Kottlet~~/Kotelett; ~~Boullette~~/Boulette; ~~Frikadele~~/Frikadelle; ~~Mafins~~/Muffins; ~~Vanilesoße~~/Vanillesoße; Eisproduzent/~~Eisproduzend~~; ~~Hitlisste~~/Hitliste** Seite 58

2. a) In der Fabrik wird Schokolade und Kakao produziert.
   b) Fabio arbeitete im Akkord, seine Schwester spielte Akkordeon.
   c) Jane konnte wählen zwischen Pizza, Makkaroni und Eiern mit Speck.

Auswertung zum Test Seite 59

Es ging vor allem um die markierten Wörter. Gib dir für jedes richtig geschriebene (markierte) Wort einen Punkt.

Von insgesamt 42 Punkten hast du .... Punkte erreicht.

Super!	In Ordnung!	Bitte noch einmal üben!
42 bis 34 Punkte	33 bis 22 Punkte	Weniger als 22 Punkte

1. a) Der Kirchenraum hatte eine ganz charakteristische Akustik. Ein kräftiger Orgelakkord hallt mehrere Sekunden nach. Seite 60
   b) Das Aluminiumgehäuse macht den Apparat leicht und gleichzeitig bruchsicher.
   c) In der Hektik des Spiels entlädt sich manche Aggression.
   d) Eine gelungene Illustration machte seine Annonce noch attraktiver.

2. Mimik, Gestik, Terrasse, Cockpit, präsentieren, Kollision Seite 61

Test

Keine Spur von Kameradschaft

Das war eigentlich ganz raffiniert von Carsten eingefädelt. Offiziell war er nur als Reservespieler der Hockeymannschaft vorgesehen, der im Notfall eingesetzt werden konnte. Nun kam Florian nicht zur Abfahrt des Mannschaftsbusses, und Carsten rückte in die Mannschaft nach. Dass aber Florian keineswegs die Mannschaft boykottieren wollte, sondern nur aufgrund eines hinterhältigen Manövers von Carsten den Bus verpasste, kann gewiss nicht als Bagatelle angesehen werden. Eventuell wird er wegen seines unsportlichen, ja asozialen Verhaltens sogar aus der Mannschaft ausgeschlossen.

Auswertung zum Test
Für jede richtig gefüllte Lücke erhältst du einen Punkt.

Von insgesamt 23 Punkten hast du .... Punkte erreicht.

Super!	In Ordnung!	Bitte noch einmal üben!
23 bis 19 Punkte	18 bis 12 Punkte	Weniger als 12 Punkte

Kapitel 4: Gleich und ähnlich klingende Vokale

Seite 62

1. **Endlich/~~ändlich~~; Wetter/~~Watter~~; besser/~~bässar~~; ~~gresslich~~/grässlich; ~~Werme~~/Wärme; ~~endert~~/ändert; ~~Nesse~~/Nässe; ~~Rägion~~/Region; ~~lendlich~~/ländlich; Singularität/~~Singularitet~~; ~~Gewesser~~/Gewässer; ~~bendigen~~/bändigen; ~~Belle~~/Bälle; ~~kemmen~~/kämmen; Becken/~~Bäcken~~; Fessel/~~Fässel~~**

2. Viele Leute freuen sich auf den Sommer. Endlich wird das Wetter besser, weniger oder gar kein Regen mehr, die grässliche Kälte ist vorbei, an die Stelle von Nässe und Kälte treten Sonnenschein und Wärme. Aber Anfang Juni ändert sich die Lage regelmäßig. Wieder Nässe und Kälte. Viel Wind und in manchen Regionen sogar leichter Bodenfrost. Man spricht vor allem in ländlichen Gegenden von der „Schafskälte". Damit meint man einen Temperatureinbruch zwischen dem 10. und dem 20. Juni. Es handelt sich um eine sogenannte Singularität.

Seite 63

3. a) Viele Phänomene können wir nicht erklären.
   b) Auch im engen Treppenhaus war ein schönes Geländer.
   c) In der Dämmerung sank der Nebel in die Täler.

Test
Während der Dämmerung sollte man besser das Licht brennen lassen. – Man kann so besser kennenlernen, was den Lärm letztlich verursacht. – Eines der gelben Blätter fällt schneller als die andern zur Erde. – Wässrige blaue Augen blickten müde in die Welt. – Vielfältige Möglichkeiten der Beerenernte werden heute genutzt, um möglichst gute Ergebnisse zu erzielen. – Mit der Schere sollte man keine Äpfel schälen.

Auswertung zum Test
Gib dir für jeden richtig eingesetzten e-Laut einen Punkt.

Von insgesamt 27 Punkten hast du .... Punkte erreicht.

Super!	In Ordnung!	Bitte noch einmal üben!
27 bis 22 Punkte	21 bis 14 Punkte	Weniger als 14 Punkte

Seite 64

1. entdeckt, Regen, Säle, verlegen, Verhängnis, beim Klären, Regeln, nämlich, Wettkämpfer, auffällig, präpariert, mattglänzend, verändert, geglättet, Oberfläche, Meter, Übeltäter

2. Kälte – kalt; Kämpfer – Kampf; Nähe – nah; kämpfen – Kampf; lähmen – lahm: Fläche – flach; zähmen – zahm; rächen – Rache; mäßig – Maß; prächtig – Pracht; klären – klar; mächtig – Macht; auffällig – auffallen; lächeln – lachen.

3. Seine Ehre ging ihm über alles. – Die Ähre ist der oberste Teil eines Getreidehalms.

Seite 65

Auswertung zum Test
Es ging vor allem um die markierten Wörter. Gib dir für jedes richtig geschriebene (markierte) Wort einen Punkt.

Von insgesamt 33 Punkten hast du .... Punkte erreicht.

Super!	In Ordnung!	Bitte noch einmal üben!
33 bis 27 Punkte	26 bis 17 Punkte	Weniger als 17 Punkte

Seite 66

1. Freundlich; ungläubig; Häuser; Gebäude; sich äußern; Bedeutung; leuchten; Häuschen; Freund; streuen; streunen; Fäulnis; Versäumnis; äußerst; geräumig; Räume; schäumen; träumen; räuchern

2. a) Traum: träumerisch, verträumt, träumen, Träume
   b) rauschen: Geräusch, geräuschlos
   c) Schaum: schäumen, Schäume, Schaumschläger
   d) kaufen: Käufer, Verkäufer, käuflich, unverkäuflich
   e) außen: äußerst, veräußern, äußerlich, sich äußern

3. Leute; Häute; Freude; schäumen; Bäume; heute; Meute; gläubig; Bräune; Kreuz; Sträucher; Scheune; leuchten; Gebäude

4. schäumen – Schaum; gläubig – Glaube; Bräune – braun; Sträucher – Strauch; Gebäude – bauen.

Seite 67

Auswertung zum Test
Es ging vor allem um die markierten Wörter. Gib dir für jedes richtig geschriebene (markierte) Wort einen Punkt.

Von insgesamt 30 Punkten hast du .... Punkte erreicht.

Super!	In Ordnung!	Bitte noch einmal üben!
30 bis 24 Punkte	23 bis 15 Punkte	Weniger als 15 Punkte

Seite 68

1. ~~herter~~/härter; er ~~gretscht~~/grätscht; ~~fellt~~/fällt; er hält/~~helt~~; fest/~~fäst~~; ~~schmärzverzärrt~~/schmerzverzerrt; während/~~wehrend~~; er ~~lesst~~/lässt; er ~~fengt an~~/fängt an; ~~lermen~~/lärmen; er nähert/~~nehert~~ sich; Verletzung/~~Verlätzung~~; ~~Geberde~~/Gebärde; der ~~Ermste~~/Ärmste

2. fällt – fallen; hält – halten; lässt – lassen; fängt an – anfangen; nähern – nahe; Gebärde – gebaren*; Ärmste – arm
   * Wenn du das nicht wusstest, dann ist das nicht verwunderlich. Das Verb gebaren ist ein inzwischen veraltetes und daher wenig gebräuchliches Wort.

Gleich und ähnlich klingende Vokale

Seite 69

3. mäßig: Maß; quälen: Qual; kämmen: Kamm; schälen: Schale; glänzen: Glanz; einfältig: Einfalt; Härte: hart; verdächtig: Verdacht; rächen: Rache; sächlich: Sache; äuffällig: auffallen; Glätte: glatt; Männer: Mann; lähmen: lahm

Test
Eine ältere Dame ist ganz aufgeregt. Hastig wählt sie die Notrufnummer und meldet sich bei der Feuerwehr. „Hilfe! Es brennt! Kommen Sie schnell!" Der Feuerwehrmann versucht die Dame zu beruhigen und fragt sie nach dem Weg: „Wie kommen wir denn zu Ihnen?" Die alte Dame ist entsetzt. „Ja fährt man bei Ihnen nicht mehr mit den roten Autos?"

Auswertung zum Test
Gib dir für jeden richtig gesetzten Vokal einen Punkt.

Von insgesamt 10 Punkten hast du .... Punkte erreicht.

Super!	In Ordnung!	Bitte noch einmal üben!
10 bis 8 Punkte	7 bis 5 Punkte	Weniger als 5 Punkte

Seite 70

1. laichen; Seiten; Saiten; Hai; Laib; Waise; Deich; Kai (auch: Quai)

2. a) Er summte ein alte ~~Waise~~/**Weise** vor sich hin.
   b) „**Eile**/~~Aile~~ mit **Weile**/~~Waile~~" sagt ein Sprichwort.
   c) Er ~~verlaiht~~/**verleiht** ungern Fachbücher an ~~Leien~~/**Laien**.
   d) **Mais**/~~Meis~~ ist eine wichtige Zutat der mexikanischen Küche.

Seite 71

Auswertung zum Test
Es ging vor allem um die markierten Wörter. Gib dir für jedes richtig geschriebene (markierte) Wort einen Punkt.

Von insgesamt 32 Punkten hast du .... Punkte erreicht.

Super!	In Ordnung!	Bitte noch einmal üben!
32 bis 26 Punkte	25 bis 16 Punkte	Weniger als 16 Punkte

Seite 72

1. Atelier; Premierminister; Filet; Coupé; Chanson; Portemonnaie (auch: Portmonee), trainieren; Refrain; Allee; Exposé (auch: Exposee); Toupet; Tournee; Matinee

2. Der Herbst ist für Verkehrsteilnehmer die gefährlichste Jahreszeit. Der Herbstwind bläst die letzten Blätter von den Bäumen, Nässe macht die Straßen schmierig. Die Glätte verlängert den Bremsweg der Fahrzeuge erheblich. Oft kann dann nur noch ein Airbag die schlimmsten Lädierungen verhindern.

Seite 73

3. **Training**/~~Treining~~; ~~Refran~~/**Refrain**; ~~fähr~~/**fair**; ~~maltraitieren~~/**malträtieren**; ~~Dränage~~/**Drainage**

Auswertung zum Test

Es ging vor allem um die markierten Wörter. Gib dir für jedes richtig geschriebene (markierte) Wort einen Punkt.

Von insgesamt 12 Punkten hast du .... Punkte erreicht.

Super!	In Ordnung!	Bitte noch einmal üben!
12 bis 10 Punkte	9 bis 7 Punkte	Weniger als 7 Punkte

Kapitel 5: Ähnlich klingende Konsonanten

Seite 74

1. gelobt – geloben; Trab – traben; Galopp – galoppieren; belebt – beleben; Tipp – tippen; starb – sterben; biblisch – Bibel; bleibt – bleiben; klebt – kleben; klappt – klappen; zapplig – zappeln

2. ~~trapen~~/traben; ~~taben~~/tappen; Rabe/~~Rape~~; ~~Rabbe~~/Rappe; Wabe/~~Wape~~; Gabe/~~Gape~~; ~~Mabbe~~/Mappe; frappiert/~~frabiert~~

Seite 75

Auswertung zum Test

Es ging vor allem um die markierten Wörter. Gib dir für jedes richtig geschriebene (markierte) Wort einen Punkt.

Von insgesamt 28 Punkten hast du .... Punkte erreicht.

Super!	In Ordnung!	Bitte noch einmal üben!
28 bis 23 Punkte	22 bis 15 Punkte	Weniger als 15 Punkte

Seite 76

1. fähig, Fahne, aktiv, privat, Film, Flasche, Verbindung, Verein, Initiative, Verhalten, Vase, Vorzeit, Fledermaus, Vulkan, viel (oder: fiel), zivil, folgen (auch: Folgen), fragen, Physik, Grafik (auch: Graphik), Fotografie (auch: Photographie), Furcht, verbindlich, Pharao, Frühling, vielleicht, Vetter, Fall, Atmosphäre

Seite 77

2. Die Philosophen fielen einem Fehlschluss zum Opfer.

Test

Vampire lehren uns das Fürchten

Vielleicht habt ihr schon einmal einen Vampir im Fernsehen gesehen, von seinen furchtbaren Verbrechen erzählt oder vorgelesen bekommen. Vergesst dabei niemals, dass es diese furchterregenden Wesen in Wirklichkeit nicht gibt. Es handelt sich um bloße Fantasiegestalten (auch: Phantasiegestalten). Allenfalls die nach ihnen benannten Vampir-Fledermäuse finden sich in freier Wildbahn. Die Vorstellung von diesen finsteren Gesellen geht auf frühe slawische Legenden zurück und findet sich seit dem 17. Jahrhundert vielfach aufgeschrieben und verarbeitet. In fast keiner der alten Geschichten begegnen uns die Vampire allerdings als Blutsauger. Sie haben nach ihrem Tod ihr Grab verlassen. Hiervor fürchteten sich viele Menschen. Erst spätere Verfasser und Filmproduzenten machten aus diesen Untoten die bekannten Blutsauger.

Ähnlich klingende Konsonanten

Auswertung zum Test
Für jeden richtig eingesetzten Konsonanten erhältst du einen Punkt.

Von insgesamt 29 Punkten hast du .... Punkte erreicht.

Super!	In Ordnung!	Bitte noch einmal üben!
29 bis 24 Punkte	23 bis 15 Punkte	Weniger als 15 Punkte

Seite 78

1. flog – fliegen, betrog – betrügen, schlug – schlagen, Schluck – schlucken, Betrug – betrügen, Ruck – rücken, Bank – Banken; er singt – singen (oder sinkt – sinken), verzagt – verzagen, bemerkt – bemerken, Handwerk – Handwerker, beengt – einengen/beengen

2. Kai lügt keineswegs, wenn er sagt, er sei Lokführer. Seine Modelleisenbahn lockt sogar Besucher an.

Seite 79

Test
befragt, lange, Tag, langweilig, Ereignis, nachzudenken, Ferientage, nahe gelegenen Freizeitpark, Attraktionen, bekannt, Kasse, Pulk, drängelte, ärgerte, Gäste, Park, begegnete, Drängler, drückte, Kinder, erlangen, drückte, stark, Sperrgitter, abknickte, flog, Bogen, Delfinbecken, vorsichtig, lugten, Plagegeist, Völlig, gezogen, vorsichtiger, zurückhaltender, gelernt, kaum

Auswertung zum Test
Für jeden richtig eingesetzten Konsonanten erhältst du einen Punkt.

Von insgesamt 40 Punkten hast du .... Punkte erreicht.

Super!	In Ordnung!	Bitte noch einmal üben!
40 bis 32 Punkte	31 bis 21 Punkte	Weniger als 21 Punkte

Seite 80

2. Meistens unternehmen wir sonntags etwas mit der gesamten Familie. Während du vielleicht noch im Bett liegst oder frühstückst, sind wir meist auf Achse. Wir relaxen bei einem Spaziergang oder kraxeln durch die bergigsten Wanderwege.

Seite 81

3. **drechseln/~~drexeln~~; Echse/~~Exe~~; ~~Eksil~~/Exil; flugs/~~flucks~~/~~flux~~; ~~Fux~~/Fuchs**

Test
Taxi, wachsen, Lexikon, Luchs, kraxeln, boxen, Büchse, Axt, Examen, Experte, Keks, Hexe, Exil, extra, relaxen, Wachs

Auswertung zum Test
Für jedes richtige Wort erhältst du einen Punkt.

Von insgesamt 16 Punkten hast du .... Punkte erreicht.

Super!	In Ordnung!	Bitte noch einmal üben!
16 bis 13 Punkte	12 bis 9 Punkte	Weniger als 9 Punkte

1. neulich, gemütlich, offensichtlich, ortsunkundig, bereitwillig, höflich, freundlich, skeptisch, richtig, hiesigen — **Seite 82**

2. ruhig – ruhige, friedlich – friedliche, freundlich – freundlicher, fleißig – fleißige, wichtig – wichtige, öffentlich – öffentliche — **Seite 83**

Auswertung zum Test
Bei diesem Diktat kam es vor allem auf die markierten Wörter an. Für jedes richtig geschriebene (markierte) Wort erhältst du einen Punkt.

Von insgesamt 16 Punkten hast du .... Punkte erreicht.

Super!	In Ordnung!	Bitte noch einmal üben!
16 bis 13 Punkte	12 bis 9 Punkte	Weniger als 9 Punkte

1. verbrannt – verbrannte, Wand – Wände, Rand – Ränder, Geld – Gelder, Strand – Strände, hält – halten, wird – werden, Wirt – Wirtin, Rad – Räder, Tat – Taten, Hand – Hände, bald – baldig, Rat – Räte, Gebirgsgrat – Gebirgsgrate — **Seite 84**

2. Beispiellösung: Absinth, Labyrinth, Theologie, Pathos

Test — **Seite 85**

beginnt, Stadtjugend, seit, Zeit, sind, gespannt, geboten, dritten, Ferienangebot, Startveranstaltung, findet, städtischen, Schwimmbad, statt, regnet, zunächst, erhalten, Tüte, Utensilien, Auftaktveranstaltung, Zeit, Schwimmbad, Bademeister, weist, Rand, Startblöcke, fremd, Bald, kennt, geht, Zeit, bleibt, Warten

Auswertung zum Test
Für jeden richtig eingesetzten Konsonanten gibt es einen Punkt.

Von insgesamt 33 Punkten hast du .... Punkte erreicht.

Super!	In Ordnung!	Bitte noch einmal üben!
33 bis 27 Punkte	26 bis 17 Punkte	Weniger als 17 Punkte

1. a) Er war ein beliebter Arzt. — **Seite 86**
   b) Er behandelt Herzpatienten, aber keine Holzklötze.
   c) Inzwischen arbeitet er nicht mehr.

2. Arzt, schwitze, Herz, Holzklotz, gestürzt, Arzt, Verletzung, Schmerzen, trotzdem, Inzwischen, Schmutz, aufgeplatzte, entzündet, Arzt, putzte, Kreuz, Spritze

Ähnlich klingende Konsonanten

Seite 87

Auswertung zum Test

Hast du alles richtig? Dann hast du 30 Punkte. Ziehe dir für jeden Fehler einen Punkt ab.

Von insgesamt 30 Punkten hast du .... Punkte erreicht.

Super!	In Ordnung!	Bitte noch einmal üben!
30 bis 24 Punkte	23 bis 16 Punkte	Weniger als 16 Punkte

Seite 88

1. a) Er ist sehr gespannt.
   b) Das Pferd nimmt am Trabrennen teil.
   c) Es siegt ganz knapp.

2. traben – Trab, geben – er gab, hupen – die Hupe, tippen – Tipp, sieben – Sieb, reiben – er rieb, lieben – lieb, treiben – Trieb

3. Kappe + Kuppe; Pappe + Puppe; Lippen + Lappen

4. plappern; Grippe; geben; trüb; Truppe; Tulpe

Seite 89

Test

gespannter, Trabrennens, Vorbereitungen, beobachten, Position, Trabrennen, begonnen, Bänken, Tribüne, beobachten, Galopp, beginnt, bellende, spannend, knapp, Rappe, Platz, belegt, Plötzlich, Bravo, Tribüne, Besitzer, Siegprämie

Auswertung zum Test

Für jede richtig gefülllte Lücke bekommst du einen Punkt.

Von insgesamt 23 Punkten hast du .... Punkte erreicht.

Super!	In Ordnung!	Bitte noch einmal üben!
23 bis 19 Punkte	18 bis 12 Punkte	Weniger als 12 Punkte

Seite 90

1. a) Eine spezifische Sprachverwendung.
   b) Ein Sprachbild nennt man auch Metapher.
   c) Schlag es dir aus dem Kopf.

2. Krampf, stampfen, Sumpf, Vampir, Vase, Phase

3. Obwohl die Pharaonen von Physik nichts verstanden, finden wir heute viele fantastische Bauten in der Wüste Ägyptens. Die damaligen Baumeister verstanden jedenfalls dennoch viel von Material, Technik und Formen.

Seite 91

4. a) Im Tal der Pharaonen fand man mehrere Sarkophage ägyptischer Herrscher.
   b) Des Philosophen Füße fanden Finnlands Flüsse frostig.
   c) Beim Topfschlagen zeigte sie prophetische Fähigkeiten.

Test

schimpfen, Formanalyse, durchführen, spezifischen, Phänomene, versucht, verwenden, Personifizierung, Metaphern, Kopf, vielleicht, Dampfen, Fantasie, Phantasie, Phänomenen, vorkommenden, Formulierungen, versteht, metaphorische, bildhafte

Auswertung zum Test
Für jede richtig gefüllte Lücke bekommst du einen Punkt.

Von insgesamt 20 Punkten hast du .... Punkte erreicht.

Super!	In Ordnung!	Bitte noch einmal üben!
20 bis 16 Punkte	15 bis 11 Punkte	Weniger als 11 Punkte

Seite 92

1. singen – singt, betrügen – Betrug, klüger – klug, verschlingen – verschlingt, schlucken – schluckt, steigen – Stieg, Stege – Steg, Wege – Weg, Berg – Berge, werken – Werk, Zwerge – Zwerg

2. a) Halb zog sie ihn, halb sank er hin.
   b) Er konnte das Flugzeug nicht reparieren, ihm fehlte das richtige Werkzeug.
   c) Weg und Steg waren versperrt.
   d) Mit einem Hackentrick kickte er den Ball in den Kasten.

Seite 93

Test
Betrügereien, Häufig, unschuldigen, gerissener, Betrügerbanden, sogenannten, Enkeltrick, Taktik, Tricks, Enkel, ausgibt, verwickelt, Gespräch, Krise, ereignete, herunterlog, glaubten, Betrüger, beklagte, wenig, Geld, Sparkasse, glücklicherweise, Schwiegersohn, zufällig, Betrogenen, beauftragte, Geld, vorsichtiges, geschicktes, Vorgehen, gelang, ganze

Auswertung zum Test
Für jede richtig gefüllte Lücke bekommst du einen Punkt.

Von insgesamt 37 Punkten hast du .... Punkte erreicht.

Super!	In Ordnung!	Bitte noch einmal üben!
37 bis 30 Punkte	29 bis 19 Punkte	Weniger als 19 Punkte

Seite 94

1. a) Er besitzt zwei verschiedene Plätzchenrezepte.
   b) Du hältst Klara für besonders witzig.
   c) Trotzig weigert er sich die schmutzigen Schuhe zu putzen.

2. Schmutz, Schutz; Trotz, Klotz; Satz, Platz, Spatz; spitz, Witz, Sitz, Blitz; Litze, Spitze, Hitze, Lakrize; schmutzig, putzig, stutzig; protzig, trotzig

3. Trotz der spitzen Hitze putzte er den protzigen Sitz.
   Der Spatz saß auf der Spitze der Lakritze und pfiff trotzig.
   Ohne Schutz war sein Sitz dem Blitz ausgesetzt.

4. Das gab ihm **vollends**/~~vollents~~ den Rest. ~~Abents~~/**Abends** konnte er ~~trods~~/**trotz**/~~trots~~ seiner Müdigkeit noch sehr gut ~~tansen~~/~~tantzen~~/**tanzen**. Mama war nicht zum ~~Schertzen~~/**Scherzen** aufgelegt. Sie hatte heftige **Kopfschmerzen**/~~Kopfschmertzen~~. Manches gab ihm ein ~~Rätzel~~/**Rätsel** auf.

Seite 95

5. Beispiellösung: Abruzzen, puzzeln, Intermezzo, Jazz, Pizzeria, Razzia, Skizze, Pizza

Ähnlich klingende Konsonanten

Test
putzen, schmutzig, Mütze, Münze, Praxis, Streiks, wachsen, Blitz, Glatze, schwitzen, Rezept, Heizer (oder: Heizgerät), Atheist, Orthographie, Thermometer, Index

Auswertung zum Test
Für jedes richtige Wort bekommst du einen Punkt.

Von insgesamt 16 Punkten hast du .... Punkte erreicht.

Super!	In Ordnung!	Bitte noch einmal üben!
16 bis 13 Punkte	12 bis 9 Punkte	Weniger als 9 Punkte

Seite 96

1. Keuchend, stöhnend, stemmten, Schildbürger, Gewalt, Unterstützung, Tal, schwitzend, Bürgermeister, gab, gut, gemeinte, Ratschläge, Bald, geschafft, Rathaus, Tal, gebracht, abfallende, Abhang, überwinden, Kraft, fluchend, polternd, werdend, Tal, staunend, Schildbürger, Gras, Krass, ging, Schweigend, wenig, beschämt, probiert, dachte, laut, geht, dann, halt, vereinten, Kräften, schleppten, gesamte, Bauholz, bergauf, Hände, klatschend, Tal, Ende, tanzend

Seite 97

2. blühenden, Geschäfte, Reichtum, Händler, galt, liebte, liege, wieder, merkte, betrügerisch, listig, begab, regelmäßig, äußerst, zurückkehrte, empfing, führte, Handhabe, blickte, Verliebtheit, beteuerte, Kind, Garten, Mund, empfing, natürlich, Betrug, gab, Knaben, bildete, ausgebildet, begab, Erfolg, fremden, Markt, Erziehung

Auswertung zum Test
Hast du alles richtig? Dann hast du 14 Punkte. Zieh dir für jeden Fehler einen Punkt ab.

Von insgesamt 14 Punkten hast du .... Punkte erreicht.

Super!	In Ordnung!	Bitte noch einmal üben!
14 bis 12 Punkte	11 bis 8 Punkte	Weniger als 8 Punkte

Seite 99

Test
vielfältige, Versuche, Vergangenheit, vergegenwärtigen, spezifische, Fantasie (auch: Phantasie), fast, fast, Vasen, fantastische (auch: phantastische), Fotografie*, Flaschen, verfolgen, diverse, Klavier, Violine, Saxophon, Verzehrs, Flugzeuge, Verkehrsmitteln, Vehikel.
(*Hinweis: Zwar kann man Fotografie und Photographie schreiben. Da hier aber schon das zweite **f** in Fotografie vorgegeben war, muss auch der erste f-Laut mit **f** geschrieben werden.)

Auswertung zum Test
Für jede richtig gefüllte Lücke bekommst du einen Punkt.

Von insgesamt 23 Punkten hast du .... Punkte erreicht.

Super!	In Ordnung!	Bitte noch einmal üben!
23 bis 19 Punkte	18 bis 12 Punkte	Weniger als 12 Punkte

1. Experte, exzellent, komplex, Exzerpt, Faksimile, Exot, Oxid, relaxen, Lachs Seite 100

2. flexibel, wachsen, fixieren, wechseln, Luxus

3. Achsel, extrahieren, taxieren, Luchs, Dachs, häckseln, schnurstracks, Exil, Index, oxidativ

Test Seite 101

Textsammlungen, Expertenkreisen, exzellent, Codex, Grundstocks, exklusive, extrem, luxuriöse, Buchexemplar, Zeitkontextes, Faksimile, Originalexemplars, Codex, Texten, Texte

Auswertung zum Test

Jede richtig gefüllte Lücke ist einen Punkt wert.

Von insgesamt 15 Punkten hast du .... Punkte erreicht.

Super!	In Ordnung!	Bitte noch einmal üben!
15 bis 12 Punkte	11 bis 8 Punkte	Weniger als 8 Punkte

Kapitel 6: s-Laute

1. **bisweilen/~~bissweilen~~, Klasse/~~Klase~~, ~~vergeßen~~/vergessen/~~vergesen~~, ~~fleisig~~/fleißig, ~~nachläsig~~/nachlässig, sich ~~fesstigen~~/festigen, er ~~hinterliess~~/ hinterließ/~~hinterlies~~, äußerst/~~äuserst~~, gewiss/~~gewis~~/~~gewis~~, ~~schliesslich~~/ schließlich, sie ~~sassen~~/~~sasen~~/saßen, er musste/~~muste~~** Seite 102

2. Ein Lehrer hatte, was bisweilen vorkommt, ständig Streit mit seiner Klasse. Der tägliche Kleinkrieg um vergessene Hausaufgaben und die Versuche, bessere Noten zu erstreiten, hinterließ seine Spuren. Eines Tages wurde es besonders schlimm. Gewiss, die Schüler hatten nur äußerst nachlässig die Hausaufgaben erledigt, auch die Vokabeln saßen nicht. Aber musste der Lehrer deshalb gleich so lospoltern? „Wozu das alles?“, rief der Lehrer. „Ihr seid einfach zu dumm.“ Ihr seid sogar so dumm, dass ihr nicht einmal zu einem Schaf ‚mäh!‘ sagen könntet.“ Das ließ sich die Klasse nun doch nicht gefallen. Ein immer lauter werdendes „Mäh!“ war ihre Antwort.

3. a) Er wusste Bescheid und ließ uns passieren. Seite 103
   b) Große Gewissheit hatten wir nicht.
   c) Süße Fruchtspieße mit Schokoladensoße sind lecker.

Auswertung zum Test

Es kam auf die markierten Wörter besonders an. Gib dir für jedes richtig geschriebene (markierte) Wort einen Punkt.

Von insgesamt 18 Punkten hast du .... Punkte erreicht.

Super!	In Ordnung!	Bitte noch einmal üben!
18 bis 15 Punkte	14 bis 10 Punkte	Weniger als 10 Punkte

s-Laute

Seite 104

1. lesen, sie liest; vergessen, er vergisst; Füße, Fuß; Gleise, Gleis; Kreise, Kreis; losen, Los; tosen, es tost; speisen, er speist; grüßen, er grüßt; bremsen, er bremst; Häuser, Haus; Gleise, Gleis

2. Wir haben fast alle erfasst, die gesehen haben, was da passiert ist. – Sie wollte nicht loslassen, musste aber doch. – Er genießt es mit seinen Genossen zu essen.

Seite 105

Test
nasskalte, frostigen, sonnigen, Verstecken, saß, Gras, sah, Ameise, ließ, heraus, Deshalb, nass, auszulegen, sah, Riesenhunger, gegessen, besaß, Ameise, überlassen, Essen, vorgesorgt, du weißt, dass, musizieren, muss, Musik, Unsinn, Ameise, musste, Sommer, musiziert

Auswertung zum Test
Für jede richtig gefüllte Lücke bekommst du einen Punkt.

Von insgesamt 31 Punkten hast du .... Punkte erreicht.

Super!	In Ordnung!	Bitte noch einmal üben!
31 bis 25 Punkte	24 bis 16 Punkte	Weniger als 16 Punkte

Seite 106

1. gießen – er goss, zerreißen – er zerriss, schießen – er schoss, schließen – er schloss, genießen – er genoss, fließen – er floss, sitzen – er saß, sprießen – es spross, wissen – ich weiß, essen – er aß, vergessen – er vergaß, lassen – er ließ, fressen – er fraß

2. büßen → er büßte; stoßen → er stieß; vergessen → er vergaß

Seite 107

Test
saß, Ergebnissen, Das, Diese, dieselben, besonders, dass, Ergebnissen, Portokasse, ließ, wissen, Abschluss, saß, verbissen, sogar, das, selten, dass, intensiv, wissen, was, zerreißen, fleißig, fleißig, gewissenhaft, gewissenhaften, herausgekommen, weiß, Ergebnisse, wissen

Auswertung zum Test
Für jede richtig gefüllte Lücke bekommst du einen Punkt.

Von insgesamt 29 Punkten hast du .... Punkte erreicht.

Super!	In Ordnung!	Bitte noch einmal üben!
29 bis 24 Punkte	23 bis 15 Punkte	Weniger als 15 Punkte

Seite 108

1. **Ärger in der Mannschaft**
„Das Schlimmste," erklärte Tommy, „das du uns antun konntest, das hast du uns angetan. Dass du uns hast hängen lassen, das scheint dir wenig ausgemacht zu haben. Deine Verspätungen und das ständige Suchen nach Ausreden, das alles haben wir ja noch hingenommen. Das aber nehmen wir dir übel, dass du überall herumerzählst, wir würden nicht richtig trainieren. Das einzige, das du behaupten kannst, ist doch, dass einer aus unserer Mannschaft nur sehr nachlässig trainiert. Und der bist du. Wir nehmen an, dass du nicht mehr zur Mannschaft gehören willst."

2. a) Das wollte ich schon immer sagen, dass mir das missfällt. Seite 109
   b) Du weißt, dass das verboten ist.
   c) Dass das nicht geht, das hättest du früher sagen können.

Auswertung zum Test
Hast du alles richtig? Dann bekommst du 20 Punkte. Zieh dir für jeden Fehler einen Punkt ab.

Von insgesamt 20 Punkten hast du .... Punkte erreicht.

Super!	In Ordnung!	Bitte noch einmal üben!
20 bis 16 Punkte	15 bis 11 Punkte	Weniger als 11 Punkte

1. Spaß, Blöße, waghalsig, dass, maßlos, passieren, raus, Missgeschick, nass, ließ, hingewiesen, stoßen, Flussufer, Wasser, misslang, fließenden Seite 110

2. **lösen/~~lößen~~; Lesung/~~Leßung~~; lästig/~~läßtig~~; er ~~ließt~~/liest; er ~~läßt~~/lässt; passabel/~~paßabel~~; ~~raßen~~/rasen; schließlich/~~schlieslich~~** Seite 111

Test
Roms, größere, großer, Siedler, morastigen, niederzulassen, Siedlung, unsicher, riskieren, Siedlung, wies, diese, Siedlung, Roms, aus, missachten, sauer, Das, respektiert

Auswertung zum Test
Für jeden richtig geschriebenen s-Laut bekommst du einen Punkt.

Von insgesamt 19 Punkten hast du .... Punkte erreicht.

Super!	In Ordnung!	Bitte noch einmal üben!
19 bis 16 Punkte	15 bis 10 Punkte	Weniger als 10 Punkte

1. er weiß, wissen; er musste, müssen; er entschloss sich, sich entschließen; er goss ein, eingießen; er genoss, genießen; er ließ, lassen; wir verließen, verlassen; sie schlossen, schließen; wir vergossen Tränen, wir vergießen Tränen; es verdross ihn, verdrießen Seite 112

2. Schweiz, Liechstenstein – In beiden Ländern wird seit Längerem statt ß immer ss geschrieben.

Test Seite 113
Tages, ließen, musste, umfassenden, Kenntnisse, untersuchte, entschloss, eingoss, verließ, wusste, das, genossen, grässliche, ersäufen, nirgends, genesen, ließ, dass, lassen, weiß, wusste, dass, Deshalb, Genesung

Auswertung zum Test
Für jeden richtig eingesetzten s-Laut erhältst du einen Punkt.

Von insgesamt 24 Punkten hast du .... Punkte erreicht.

Super!	In Ordnung!	Bitte noch einmal üben!
24 bis 19 Punkte	18 bis 13 Punkte	Weniger als 13 Punkte

Seite 114

1. er ~~lies~~/**ließ**; ~~äuserst~~/**äußerst** skeptisch; ~~achtloß~~/**achtlos**; ~~Bedürfnise~~/**Bedürfnisse**; ~~Blöse~~/**Blöße**; ~~Faß~~/**Fass**/~~Fas~~; Alexander der ~~Grose~~/**Große**; Er kann nicht ~~fasen~~/**fassen, dass**/~~das~~ ...; **zurückweisen**/~~zurückweißen~~; **großzügig**/~~groszügig~~; er ~~sass~~/**saß**/~~sas~~; ~~erweißen~~/**erweisen**; ~~misachten~~/**missachten**; ~~verdrieslich~~/**verdrießlich**

2. Mit ss geschrieben: Genitiv Singular und alle Pluralformen.

3. lassen → ich ließ, vergessen → ich vergaß, sitzen → ich saß, schießen → ich schoss, schließen → ich schloss

Seite 115

4. Er verließ sich darauf, dass alles gewissenhaft geprüft war. – Wir wussten, wir durften uns keine Blöße geben und schlossen uns deshalb der großen Mehrheit an.

Auswertung zum Test
Hast du alles richtig? Dann bekommst du 25 Punkte. Zieh dir für jeden Fehler einen Punkt ab.

Von insgesamt 25 Punkten hast du .... Punkte erreicht.

Super!	In Ordnung!	Bitte noch einmal üben!
25 bis 20 Punkte	19 bis 13 Punkte	Weniger als 13 Punkte

Kapitel 7: Zusammen- und Getrenntschreibung

Seite 116

1. Taschentuch, Bettgestell, Winterzeit, Badewanne, Spielplatz, Wegkreuzung, Pferdekoppel, Hundeleine, Armband, Schuhsohle

Seite 117

2. Sauger, saugt Staub auf; Pause, Arbeit wird durch Pause unterbrochen; Weiser, zeigt/weist den Weg; Killer, löscht Tintenschrift; Gummi, entfernt Bleistiftstriche, radiert

Auswertung zum Test
Bei diesem Diktat kommt es besonders auf die markierten Wörter an. Gib dir für jedes richtig geschriebene (markierte) Wort einen Punkt.

Von insgesamt 21 Punkten hast du .... Punkte erreicht.

Super!	In Ordnung!	Bitte noch einmal üben!
21 bis 17 Punkte	16 bis 11 Punkte	Weniger als 11 Punkte

1. **Freunde?** Seite 118
   Sicherlich kennst du die angeblichen Freunde, die immer die Besten sein wollen. Sie lassen nichts anbrennen und wollen überall als Helden auffallen. Sie können nicht unterliegen. Ihre eigenen Wünsche können sie kaum hintanstellen. Sie können erst aufleben, wenn sie von allen beachtet werden und im Vordergrund stehen. Am liebsten würden sie sich selbst ständig hochleben lassen. Es fällt auf, dass sie bei einer gemeinsamen Arbeit immer vorauseilen und die ersten sein wollen, sie lassen sich nicht gerne andern gegenüberstellen. In vielen Situationen kann man vorausschauen und ihr Verhalten vorwegnehmen, da sie es immer wieder übertreiben.

2. übergehen – Bei Erwärmung geht Wasser in Dampf über. Bei der Siegerehrung übergehen sie ihn mit voller Absicht. Seite 119

Test

Gestern regten sich viele Wanderer am Waldrand von K. auf. Ihnen kamen plötzlich vier kleine Zebras entgegen. Als ein Wanderer versuchte, sie aufzuhalten, riss die kleine Herde aus. Es stellte sich später heraus, dass die kleinen Kerle im städtischen Tiergehege ausgebüxt waren. Offensichtlich gefiel es ihnen in der Freiheit, denn sie waren zunächst nicht dazu zu bewegen, freiwillig zurückzukommen.

Auswertung zum Test

Für jedes richtig eingesetzte Wort aus dem Wortvorrat bekommst du einen Punkt.

Von insgesamt 7 Punkten hast du .... Punkte erreicht.

Super!	In Ordnung!	Bitte noch einmal üben!
7 bis 6 Punkte	5 bis 4 Punkte	Weniger als 4 Punkte

1. a) Ich habe den Film gestern gesehen. Ich werde ihn heute **wieder sehen**/~~wiedersehen~~. Seite 120
   b) Wir lebten lange getrennt. Morgen werden wir uns ~~wieder sehen~~/**wiedersehen**.
   c) Er glaubt, das der Ärger **davon kommt**/~~davonkommt~~, dass er sich nicht richtig vorbereitet hat.
   d) Er glaubt, er werde auch ohne Vorbereitung ~~davon kommen~~/**davonkommen**.

2. a) Als der Fremde ins Zimmer kam, waren alle ~~sitzengeblieben~~/**sitzen geblieben**.
   b) Peter hatte Pech, er war im vergangenen Schuljahr **sitzengeblieben**/~~sitzen geblieben~~.
   c) Der Chef hatte den Pensionär ~~wiederholt~~/**wieder geholt**.
   d) Er hat die Klasse **wiederholt**/~~wieder geholt~~.
   e) Er hat an der Versammlung **teilgenommen**/~~Teil genommen~~.
   f) Beim Verteilen hat er seinen ~~teilgenommen~~/**Teil genommen**.

Test Seite 121

Werde ich noch einmal davonkommen? Das fragte sich Kalle. „Das kann ja nur davon kommen, dass ich nicht richtig aufgepasst habe“, dachte Kalle. Der Meisterdetektiv war stinksauer. Er wollte dem schlafenden Verdächtigen einen Fingerabdruck abnehmen. Kalle musste im Dunkeln ein paar Schritte rückwärts gehen, dabei stolperte er über einen Blumentopf. Dies machte einen gehörigen Lärm. Der seltsame Verdächtige wurde natürlich sofort wach. In wenigen Sekunden würde er ihm gegenüberstehen. Tatsächlich stand der Fremde plötzlich mit einem Revolver im Zimmer. „Wer da?“, rief er mit eiskalter Stimme. Kalles Ärger wurde nun von einer großen Angst abgelöst, denn im Mondlicht konnte er die Waffe wieder sehen. Er wäre besser mit seinen Freunden im Café zusammengeblieben. Ist der Mann denn wirklich ein Verbrecher? Was wird er mit ihm anstellen? Wird Kalle noch einmal davonkommen und seine Eltern wiedersehen? Antworten auf diese Fragen gibt es im Roman „Meisterdetektiv Kalle Blomquist“

Auswertung zum Test
Für jede richtig gefüllte Lücke erhältst du einen Punkt.

Von insgesamt 8 Punkten hast du .... Punkte erreicht.

Super!	In Ordnung!	Bitte noch einmal üben!
8 bis 7 Punkte	6 bis 5 Punkte	Weniger als 5 Punkte

Seite 122

1. a) Man kann ~~fest stellen~~/**feststellen**, dass Stromausfälle den gesamten Straßenverkehr ~~lahm legen~~/**lahmlegen** können.
   b) Karin wollte **klarstellen**/~~klar stellen~~, dass sie das Amt nicht **fortführen**/~~fort führen~~ wollte.
   c) Georg konnte nicht spielen. Er musste sein Zimmer **sauber machen/saubermachen**. (Beides ist möglich.)
   d) Ali hatte sein Fahrrad **schmutzig gemacht**/~~schmutziggemacht~~ und wollte es nun **blank putzen/blankputzen**. (Beides ist möglich.)
   e) Kübra wird sich morgen **frei nehmen/freinehmen**. (Beides ist möglich.)
   f) Roger hat sich ~~krank gelacht~~/**krankgelacht**, als er von den Reinfällen seiner Freunde hörte.

Seite 123

2. Individuelle Lösung

Auswertung zum Test
Bei diesem Diktat kommt es besonders auf die markierten Wörter an. Gib dir für jede richtig geschriebene Markierung einen Punkt.

Von insgesamt 12 Punkten hast du .... Punkte erreicht.

Super!	In Ordnung!	Bitte noch einmal üben!
12 bis 10 Punkte	9 bis 7 Punkte	Weniger als 7 Punkte

Seite 124

1. Beispiellösung:

Verbindung	**Substantivierung**
laufen lernen	das Laufenlernen
stehen bleiben	das Stehenbleiben
sprechen können	das Sprechenkönnen
schwimmen gehen	das Schwimmengehen
sehen müssen	das Sehenmüssen
gehen lassen	das Gehenlassen

Seite 125

2. Individuelle Lösung

3. Individuelle Lösung

Auswertung zum Test
Bei diesem Diktat kommt es besonders auf die markierten Wörter an. Gib dir für jede richtig geschriebene Markierung einen Punkt.

Von insgesamt 11 Punkten hast du .... Punkte erreicht.

Super!	In Ordnung!	Bitte noch einmal üben!
11 bis 9 Punkte	8 bis 6 Punkte	Weniger als 6 Punkte

Seite 126

1. sonnenarm, segensreich, freudestrahlend, zuckersüß, stressgeplagt, glückvoll, reiseerfahren, werbewirksam

2. Viele Leute wollen im Urlaub dem stressgeplagten Alltag entfliehen. Sie möchten den sonnenarmen Gebieten Deutschlands den Rücken kehren und eine segensreiche und glückvolle Urlaubszeit im Süden verbringen. Dabei verlassen sie sich bei ihrer Planung oft auf Reiseunternehmen, die ihnen nicht nur geeignete Zielorte anbieten, sondern auch reiseerfahrene Begleitpersonen mitschicken, die als Sprachbegleiter zur Verfügung stehen. Daneben werden auch Unterhaltungsprogramme angeboten. Wenn dann freudestrahlende Kunden aus dem Urlaub zuruckkommen, ist das die werbewirksame Reklame für die Reiseveranstalter.

Seite 127

3. butterweich – weich wie Butter
   angsterfüllt – von Angst erfüllt
   ruhmreich – reich an Ruhm
   werbewirksam – wirksam in der Werbung/als Werbung

Test
sehen lassen; stehen bleiben; bergsteigen; liegen lassen; fahren lernen; feststellen; lahmlegen; sauber machen, saubermachen

Auswertung zum Test
Für jede richtige Lösung bekommst du einen Punkt.

Von insgesamt 9 Punkten hast du .... Punkte erreicht.

Super!	In Ordnung!	Bitte noch einmal üben!
9 bis 8 Punkte	7 bis 5 Punkte	Weniger als 5 Punkte

Seite 128

1. a) Er will sich auf dieses Wagnis ein lassen/einlassen.
   b) Morgen muss sich Lena ausruhen/aus ruhen.
   c) Es kann nahe liegen/naheliegen, sich mit diesem Thema zu beschäftigen.
   d) Er will in das Schloss hinein schauen/hineinschauen.

2 **Trennbare Verbindung:** anstehen, es steht an; auffallen, es fällt auf; hintanstellen, er stellt das hintan; vorausschauen, er schaut voraus; vorwegnehmen, er nimmt vorweg; anbrennen, das brennt schnell an; ausruhen, er ruht aus; zurücknehmen, er nimmt zurück; feststellen, er stellt fest; fernsehen, er sieht fern; mitführen, er führt keine Zigaretten mit
Untrennbare Verbindung: unterfordern, er ist unterfordert; überfordern, er ist überfordert; unterliegen, er unterliegt seinem Gegner; übertreiben, er übertreibt mal wieder; unterscheiden, er unterscheidet; überbrücken, er überbrückt; übergehen, er übergeht ihn

Seite 129

3. a) Während des starken Regens stellten wir uns in einer Hütte unter.
   b) Ihr unterstellt uns, wir würden simulieren.

Auswertung zum Test
Bei diesem Diktat kommt es besonders auf die markierten Wörter an. Gib dir für jede richtig geschriebene Markierung einen Punkt.

Von insgesamt 17 Punkten hast du .... Punkte erreicht.

Super!	In Ordnung!	Bitte noch einmal üben!
17 bis 14 Punkte	13 bis 9 Punkte	Weniger als 9 Punkte

Seite 130

1. Wir wollen spazieren gehen. Morgen gehen wir Schlittschuh laufen. Das wird euch noch leidtun. Sein Vater wird uns heimbringen. Kira lernt Klavier spielen.

2. Schmerzgeplagt humpelte er weg. Er klatschte freudestrahlend in die Hände.

Seite 131

3. Eine rot-grün-gelbe Koalition bezeichnet man auch als „Ampelkoalition". Der weiß-blaue Himmel über Bayern spiegelt sich in den Landesfarben. Freudestrahlend nahm sie den Preis entgegen.

Auswertung zum Test
Bei diesem Diktat kommt es vor allem auf die markierten Wörter an. Für jedes richtig geschriebene (markierte) Wort bekommst du einen Punkt.

Von insgesamt 10 Punkten hast du .... Punkte erreicht.

Super!	In Ordnung!	Bitte noch einmal üben!
10 bis 8 Punkte	7 bis 6 Punkte	Weniger als 6 Punkte

Kapitel 8: Schreibung von Fremdwörtern

Seite 132

1. Labyrinth, Rhinozeros, Chaos, Chor, Thermometer, Sympathie

Seite 133

2. th: Ethik, Thema, Orthographie, Theater, Apotheke, Bibliothek, Synthese, Thermometer, Leichtathletik, Rhythmus, Theorie, Sympathie, Thermalbad
   ph: Katastrophe, Strophe, Orthographie, Prophet, Triumph, Phase, Paragraph, Atmosphäre

y: Typ, Symbol, System, Anonymität, Assyrien, Synthese, Dynamik, Analyse, Lyrik, Rhythmus, Sympathie, Asphalt
rh: Rheuma, Rhythmus

Auswertung zum Test
Bei diesem Diktat kommt es besonders auf die markierten Wörter an. Gib dir für jedes richtig geschriebene (markierte) Wort einen Punkt.

Von insgesamt 17 Punkten hast du .... Punkte erreicht.

Super!	In Ordnung!	Bitte noch einmal üben!
17 bis 14 Punkte	13 bis 9 Punkte	Weniger als 9 Punkte

Seite 134

1. Fotograf, Fotografie, fotografisch; Musiker, Musik, musikalisch; Demonstrant, Demonstration, demonstrativ; Student, Studium, studentisch; Korrektor, Korrektur, korrigiert/korrekt; Organisator, Organisation, organisiert; Illustrator, Illustration, illustriert; Installateur, Installation, installiert; Produzent, Produkt, produziert/produktiv

Seite 135

2. Beispiellösung: Sprache des römischen Reiches. Später Sprache der Kirche und damit der Bildung und Wissenschaft. Früher so wichtig wie Englisch heute.

Test
Eigentlich wollten wir unseren Familienurlaub in Harmonie verbringen. Wir wollten wandern, eine römische Villa besuchen, in der eine größere Sammlung antiker Vasen zu besichtigen war, und dann wollten wir unsere Expedition beenden mit einer deftigen Mahlzeit. Aber Sven, mein kleiner Bruder, und auch Lisa, meine große Schwester, drohten mit Streik, falls die Aktivität wie angekündigt ablaufen sollte. Das allgemeine Chaos griff immer mehr um sich. Da war es mit der vorgeblichen Neutralität unserer Eltern vorbei. Papa verzichtete zwar auf seine Kompetenz, ein Machtwort zu sprechen, aber Mama gab dann doch entschieden das endgültige Projekt bekannt.

Auswertung zum Test
Für jedes richtig eingesetzte Wort erhältst du einen Punkt.

Von insgesamt 9 Punkten hast du .... Punkte erreicht.

Super!	In Ordnung!	Bitte noch einmal üben!
9 bis 8 Punkte	7 bis 5 Punkte	Weniger als 5 Punkte

Seite 136

1. Fred wollte Journalist werden und sollte eine Reportage vom letzten Boxkampf schreiben. Das war nicht ganz einfach, schließlich wollte er schon ein gewisses Niveau einhalten. Da konnte man nicht einfach schreiben, dass sich die zwei Kontrahenten mit harten Bandagen die Visage polierten. Obwohl ganz schön zugeschlagen wurde. Aber dafür kassierten beide auch eine hohe Gage. Der Kampf selbst verlief recht spannend, als würde ein Regisseur die Fäden ziehen. Der bisherige Meister war keineswegs so souverän, wie man erwartet hatte. In einigen Passagen war der Herausforderer sogar deutlich überlegen.

Schreibung von Fremdwörtern

Seite 137 Test
Etage, Monteur, Spionage, Sabotage, Collage, Plateau, Regisseur, Portemonnaie (auch: Portmonee), Cousin

Auswertung zum Test
Für jedes richtige Wort bekommst du einen Punkt.

Von insgesamt 9 Punkten hast du .... Punkte erreicht.

Super!	In Ordnung!	Bitte noch einmal üben!
9 bis 8 Punkte	7 bis 5 Punkte	Weniger als 5 Punkte

Seite 138 1. Siehe Diktat. Die markierten Wörter waren besonders wichtig.

Seite 139 2. a) Roger war ein cooler Typ.
b) Sabine war ein süßes Girl.
c) Die Frisur von James war crazy.

Auswertung zum Test
Bei diesem Diktat kommt es besonders auf die markierten Wörter an. Gib dir für jedes richtig geschriebene (markierte) Wort einen Punkt.

Von insgesamt 20 Punkten hast du .... Punkte erreicht.

Super!	In Ordnung!	Bitte noch einmal üben!
20 bis 16 Punkte	15 bis 11 Punkte	Weniger als 11 Punkte

Seite 140 1. Pharao, Katastrophe, Atmosphäre, Paragraph, Prophet, Strophe, Lyrik, Therapie

2. Spätestens als das Fieberthermometer 39 Grad anzeigte und steigende Temperaturen prophezeite, wurde meine Mutter ziemlich nervös. Sie packte mich ins Auto und raste zu unserem Hausarzt. Mir wurde schon schwindlig, als ich auf den Tachometer des Autos schaute. Es war mir sehr sympathisch, dass ich sofort an die Reihe kam. Ich habe nämlich eine regelrechte Phobie gegenüber Wartezimmern. Sehr schnell sah der Arzt, dass sich ein Mückenstich an meinem Schienbein entzündet hatte, sodass es zu der Infektion kam.

Seite 145 Test
Aerodynamik, Tachometer, Thermostat, kontinuierlich, Infektion, Isolierstation, Quarantäne, Klaustrophobie, psychische, Rhetorik, demagogischen

Auswertung zum Test
Für jedes richtig eingesetzte Wort erhältst du einen Punkt.

Von insgesamt 11 Punkten hast du .... Punkte erreicht.

Super!	In Ordnung!	Bitte noch einmal üben!
11 bis 9 Punkte	8 bis 6 Punkte	Weniger als 6 Punkte

Seite 142

1. chillen, Fan, trainieren, Equipment, Niveau, Ticket, Computer, Location, eventuell, Aversion, Rendezvous, Visier, Visage, Event, Manöver, souverän

Seite 143

2. Siehe Diktat Seite 143. Es kommt besonders auf die markierten Wörter an.

3. Fan, Mountainbike, Snowboard, trainieren, Basketball, Equipment, Coach

Seite 144

Test
Thermostat, Thema, Hit, Ethik, Xylophon, Oxid, Ethik, dirigieren, Diktator, Aorta, Lektion, Niveau, Arsen, Sekt, defekt, Netto, Grafik, Garage, Bankett, Fotograf, Fan, Risiko, cool, Vision, Regisseur, Fun, mono

Auswertung zum Test
Für jedes gefundene Wort bekommst du einen Punkt.

Von insgesamt 27 Punkten hast du .... Punkte erreicht.

Super!	In Ordnung!	Bitte noch einmal üben!
27 bis 22 Punkte	21 bis 14 Punkte	Weniger als 14 Punkte

Seite 146

1. Hypothese, Antithese, Resonanz, Kontinent, Propaganda, hyperreagieren, Synthese, Reaktion

2. a) Das Resultat konnte am Ende des Spiels nicht überraschen.
   b) In bunten Prospekten priesen sie die Stadt an.
   c) Wenn viele Menschen sich in einer Region an derselben Krankheit anstecken, spricht man von einer Epidemie.
   d) Der militärische Konflikt forderte viele Opfer.

Seite 147

Auswertung zum Test
Bei diesem Diktat kommt es besonders auf die markierten Wörter an. Gib dir für jedes richtig geschriebene (markierte) Wort einen Punkt.

Von insgesamt 35 Punkten hast du .... Punkte erreicht.

Super!	In Ordnung!	Bitte noch einmal üben!
35 bis 28 Punkte	27 bis 18 Punkte	Weniger als 18 Punkte

Seite 148

1. Event, Varieté (auch: Varietee), Talkshow, Conférencier, dressieren, Engagement

2. a) Für seine Arbeit erhielt der Künstler eine Gage.
   b) Die Uniform des Dieners nennt man Livree.
   c) Nach einer guten Vorstellung erhält man viel Applaus.
   d) Die Spielleitung einer Theateraufführung liegt beim Regisseur.

Seite 149

Auswertung zum Test
Bei diesem Diktat kommt es besonders auf die markierten Wörter an. Gib dir für jedes richtig geschriebene (markierte) Wort einen Punkt.

Von insgesamt 29 Punkten hast du .... Punkte erreicht.

Super!	In Ordnung!	Bitte noch einmal üben!
29 bis 24 Punkte	23 bis 15 Punkte	Weniger als 15 Punkte

Kapitel 9: Satzzeichen

Seite 150

1. Schmeckt das Eis? Das Eis schmeckt.

Seite 151

2. Wenn die Personalform des Verbs (das Prädikat) an der ersten Satzgliedstelle steht.

3. Wer, was, wo, wann, wie, warum, weshalb, womit

Test
Das Schilfrohr und der Ölbaum stritten miteinander. Der Ölbaum tadelte das Schilfrohr. Es war nicht so stark, und es ließ sich so leicht vom Wind bewegen. „Steh fest!" Was sollte das Rohr da entgegnen? Es schwieg und bog sich weiter im Wind. Da wurde aus dem leichten Wind ein kräftiger Sturm. Das Rohr wurde geschüttelt. Wie sollte es da feststehen? Es gab den Windstößen nach und blieb unbeschädigt. Wo aber war der Ölbaum? Er hatte sich widersetzt. Er stemmte sich dem Sturm mit aller Macht entgegen. Was geschah dann? Er wurde von der Gewalt des Sturmes gebrochen.

Auswertung zum Test
Für jedes richtig gesetzte Satzzeichen bekommst du einen Punkt.

Von insgesamt 15 Punkten hast du .... Punkte erreicht.

Super!	In Ordnung!	Bitte noch einmal üben!
15 bis 12 Punkte	11 bis 8 Punkte	Weniger als 8 Punkte

Seite 152

1. Frau Müller rief: „Ihr seid jetzt still!"
   „Ich soll das gewesen sein?", fragte Lisa.
   Mama sagte erregt: „Das kann doch einfach nicht sein!"

2. Manchmal legte es Janina darauf an, die Leute zu veralbern. So fragte sie gestern einen Passanten: „Können Sie mir sagen, wie man zum Bahnhof kommt?" „Das tut mir leid", meinte der Passant bedauernd. „Ich bin fremd hier." Da sagte Janina: „Also passen Sie mal auf! Sie gehen zuerst geradeaus, dann biegen sie links ab." Der Fremde sah erstaunt auf. „Aber wie kannst du ...?" „Dann nehmen Sie", fuhr Janina unbeirrt fort, „die dritte Straße rechts." Weiter kam Janina mit ihren Erläuterungen nicht, denn der Fremde war gerade beim Ausholen, und Janina musste einer kräftigen Ohrfeige ausweichen.

Seite 153

Test
Eines Tages kam ein stadtbekannter Schwätzer zum berühmten athenischen Philosophen Sokrates. „Kannst du mir das Reden beibringen?", fragte dieser. Sokrates antwortete: „Natürlich kann ich das. Aber das wird nicht ganz billig." „Nun, über den Preis können wir noch sprechen", entgegnete der künftige Schüler. „So viel kann ich dir schon jetzt

sagen", antwortete ihm da der Philosoph. „Du wirst das Doppelte von dem zahlen müssen, was meine übrigen Schüler bezahlen." „Warum denn das?", wollte der Schwätzer jetzt wissen. „Ich muss dir das Reden beibringen. Das hat seinen Preis", entgegnete ihm da Sokrates. „Aber zuvor muss ich dir noch beibringen, den Mund zu halten, und das kostet mindestens ebensoviel."

Auswertung zum Test
Für jedes richtig eingesetze Satzzeichen und für jede richtige Korrektur bekommst du einen Punkt.

Von insgesamt 44 Punkten hast du .... Punkte erreicht.

Super!	In Ordnung!	Bitte noch einmal üben!
44 bis 36 Punkte	35 bis 23 Punkte	Weniger als 22 Punkte

Seite 154

1. Hunde sind lieb, treu, süß, gehorsam. Für manche Leute sind sie laut, stinkend, lästig. Ganz gleich, wie man das sieht: Hunde sind auf jeden Fall nicht störrisch, stur oder gar dumm, sondern vielmehr klug. Sie geben Pfötchen, apportieren ein Stöckchen und machen Männchen.

2. a) Sebastian wollte fleißig lernen, konzentriert arbeiten, aber auf keinen Fall trödeln.
   b) Philipp wollte nicht warten, nicht stehen bleiben, nicht alles verzögern, sondern zügig vorwärts gehen.
   c) Wolf war nicht dumm, nicht dämlich, sondern uninformiert.
   d) Vera war fleißig, umsichtig und gründlich, aber nicht allwissend.
   e) Vico wartete und wartete und hatte schließlich genug.
   f) Ronny konnte schon bis fünfzig zählen, seinen Namen schreiben und Fahrrad fahren, aber nicht seine Schuhe binden.
   g) Steffi nahm Anlauf, zielte und schoss den Ball ins Tor.

Seite 155

3. Manchmal sind schwierige und lange Texte einfach, aber nicht immer.

4. a) Er trug ein schönes, buntes, aber zu großes Hemd.
   b) Nach einem langen, schönen und erholsamen Spaziergang kehrte sie glücklich, froh und müde zurück.
   c) Chiara lachte, tanzte und sang gerne.

Test
Es scheint heute wieder modern zu sein, wenigstens kürzere Strecken mit dem Fahrrad zu überwinden. Im Handel sind schon ganz verschiedene Räder erhältlich. Tourenräder, Damenräder, Kinderräder und geländegängige Mountainbikes werden in allen möglichen Ausführungen angeboten. Worauf aber sollte man beim Radfahren achten? Vor jeder Fahrt sollte man prüfen, ob Bremsen, Klingel, Lampe, Rückleuchte, Lenkung, Bereifung und Sattel in Ordnung sind. Beim Fahren störende Gegenstande wie Taschen am Lenker, Tüten in der Hand, übergroße Körbe auf dem Gepäckträger sollten nicht mitgeführt werden. Man sollte beim Radfahren auch keine langen Schals, weite Hosen oder lange Röcke tragen. Beim Fahren wird man den übrigen Verkehr beachten und Fußgänger, Autos und vor allem spielende Kinder angemessen berücksichtigen. Im Herbst muss man mit schmierigen, glatten Straßen rechnen, da das Laub der Bäume, Regen und Nebel für einen wenig griffigen Straßenbelag sorgen.

Satzzeichen

Auswertung zum Test

Für jedes richtig gesetzte Komma bekommst du einen Punkt. Für falsch gesetzte musst du dir wieder einen Punkt abziehen.

Von insgesamt 13 Punkten hast du .... Punkte erreicht.

Super!	In Ordnung!	Bitte noch einmal üben!
13 bis 11 Punkte	10 bis 7 Punkte	Weniger als 7 Punkte

Seite 156

1. a) Die Erwachsenen saßen im Schatten eines Baumes, und die Kinder spielten auf der Wiese. (In diesem Satz muss das Komma nicht gesetzt werden.)
   b) Gerd stöhnte, Philipp grinste, aber Theo nickte nur mit dem Kopf.
   c) Herr Björns schlief länger, sein Bruder war schon früh unterwegs, die Kinder aber lärmten im Haus herum.
   d) Nina las ein Buch, ihr Bruder klimperte auf der Gitarre, aber keiner kümmerte sich um den Hund.

2. Jana hüpfte von einem Bein auf das andere, ihre Geschwister Tom und Eric zappelten ungeduldig herum, aber Mama ließ sich Zeit, erzählte vom letzten Urlaub und scherzte mit ihrer Freundin.

Seite 157

3. Endlich wandte sie sich ihren Kindern zu, und ging mit ihnen zusammen los. Nach kurzer Zeit kamen sie an einer Wiese vorbei, gingen weiter, und machten dann Halt an einem Spielplatz. Jetzt waren die Kinder an der Reihe. Jana hatte gleich die Schaukel erobert, und Tom versuchte sich am Klettergerüst, aber Eric wollte lieber bei Mama bleiben.

Auswertung zum Test

Gib dir für jedes richtig gesetzte Komma, das nicht diktiert worden war, einen Punkt. Ein Komma, das gesetzt werden darf, aber nicht muss gibt keinen Punkt. Für jedes falsch gesetzte Komma musst du dir einen Punkt abziehen.

Von insgesamt 7 Punkten hast du .... Punkte erreicht.

Super!	In Ordnung!	Bitte noch einmal üben!
7 bis 6 Punkte	5 bis 4 Punkte	Weniger als 4 Punkte

Seite 158

1. a) Wenn wir so weitermachen, werden wir gewinnen. Wir werden gewinnen, wenn wir so weitermachen. Wir werden, wenn wir so weitermachen, gewinnen.
   b) Wir werden zu Hause bleiben, wenn es regnet. Wenn es regnet, werden wir zu Hause bleiben. Wir werden, wenn es regnet, zu Hause bleiben.
   c) Er hat ein gutes Zeugnis bekommen, da er fleißig gearbeitet hat. Da er fleißig gearbeitet hat, hat er ein gutes Zeugnis bekommen. Er hat, da er fleißig gearbeitet hat, ein gutes Zeugnis bekommen.

Seite 159

2. a) Lisa strahlte, nachdem sie die Erlaubnis hatte, übers ganze Gesicht.
   b) Die Wölfe kamen, nachdem der Winter eingebrochen war, zurück.

Test

Der Dichter Heinrich Heine war bekannt dafür, dass er abends ausgiebig feierte und sich unterhielt, am folgenden Vormittag dann aber nicht besonders gern arbeitete. Bei einer Abendgesellschaft wollte ein neugieriger Zeitgenosse, der Heines Abneigung gegen Arbeit am Vormittag kannte, den Dichter etwas in Verlegenheit bringen. Der Neugierige fragte Heine, womit er denn heute den Vormittag bis zum Mittagessen verbracht habe. Heine antwortete: „Ich habe an einem Gedicht gearbeitet. Zunächst habe ich es gelesen, denn ich hatte es gestern geschrieben, und heute hat mich etwas daran gestört. Dann habe ich an einer Stelle ein Komma eingesetzt, das mir wichtig erschien.“ Der Mann wurde nun etwas dreister und fragte weiter: „Und was haben Sie dann am Nachmittag getan?“ Heine dachte nach, machte ein ernstes Gesicht und sprach zögernd: „Ich habe weiter nachgedacht. Ich las das Gedicht erneut und habe das Komma gestrichen, weil es überflüssig war.“

Auswertung zum Test

Für jedes richtig gesetzte Satzzeichen und für jede richtige Korrektur erhältst du einen Punkt.

Von insgesamt 36 Punkten hast du .... Punkte erreicht.

Super!	In Ordnung!	Bitte noch einmal üben!
36 bis 29 Punkte	28 bis 19 Punkte	Weniger als 19 Punkte

1. a) Wenn es darum geht, eine Ausrede zu finden, bin ich immer gut. Seite 160
   b) Mich nicht erschüttern zu lassen, das war meine erklärte Absicht.
   c) Er wusste sich zu helfen.
   d) Nicht zu lachen, das war gar nicht so einfach.
   e) Nicht zu weinen war gar nicht einfach.
   f) Man sollte sich manchmal laut widersetzen, anstatt zu schweigen.

2. Darauf, die Hausaufgaben regelmäßig zu vergessen, sollte man nicht auch noch stolz sein. – Er arbeitete, anstatt sich auszuruhen. – Es war wichtig, zu hören, was da geschehen war. – Sie war bereit, alles zu tun. Seite 161

Test

Ein paar Mäuse aus dem Geldautomaten zu ziehen, das ist wohl immer wieder nötig. Damit aber rechnet wohl niemand, am Geldautomaten echten Mäusen zu begegnen. Mäuse allerdings lieben es, ihr Nest an beschützten, warmen Plätzen zu bauen. Und ein Geldautomat lädt ja geradezu dazu ein, Platz zu nehmen und sich wohl zu fühlen. Oder etwa nicht? In Oregon in den Vereinigten Staaten jedenfalls hatte sich eine Maus den Geldautomaten an einer Tankstelle dazu ausgesucht, ihr Nest zu beherbergen. Aus den Geldscheinen hatte sie kleine Schnipsel hergestellt, um alles gemütlich auszupolstern. Einer Angestellten fielen die leisen Geräusche im Geldautomaten auf. Als sie die Klappe öffnete, um nachzuschauen, sahen sie zwei Knopfaugen an. Die Angestellte schlug die Klappe zu und lief schreiend davon. Der Besitzer der Tankstelle hatte noch einige Mühe damit, die Maus zu vertreiben.

Satzzeichen

Auswertung zum Test

Gib dir für jedes richtig eingesetzte Komma einen Punkt. Für falsch gesetzte musst du dir aber wieder Punkte abziehen.

Von insgesamt 10 Punkten hast du .... Punkte erreicht.

Super!	In Ordnung!	Bitte noch einmal üben!
10 bis 8 Punkte	7 bis 6 Punkte	Weniger als 6 Punkte

Seite 162

1. a) Im nächsten Monat, genauer in der zweiten Woche, werden wir wandern.
   b) Ihm hatten es die alte Sprachen, insbesondere Latein, angetan.
   c) Wir wollen allen, insbesondere den Schwachen, helfen.

2. a) Im nächsten Schuljahr werden wir, und das wird noch vor den Herbstferien geschehen, einen Ausflug machen.
   b) Er war, dafür gab es verschiedene Gründe, nicht besonders glücklich.
   c) Gute Sportler, sie haben vorher intensiv trainiert, haben in Wettkämpfen Erfolg.

Seite 163

Test

Abraham Lincoln, der spätere Präsident der USA, lebte als kleiner Junge in einfachen, ärmlichen Verhältnissen. Auf das Äußere, insbesondere auf Reinlichkeit, wurde da nicht allzu viel Wert gelegt. Der Lehrer der Volksschule in Hodgenville, einem kleinen Ort in Kentucky, bei dem Abraham in die Schule ging, achtete allerdings sehr auf Sauberkeit, und zwar nicht nur auf Sauberkeit der Kleidung, sondern auch der Hände. Eines Morgens nun wollte er seine Schüler, vor allem aber die für ihre regelmäßig ungewaschenen Hände bekannten Jungen, überprüfen. Abraham wischte sich schnell seine rechte Hand an der Hose ab, ehe er sie vorzeigte. Dem Lehrer gefiel nicht, was er sah, genauer gesagt, er schimpfte los: „Du Schmutzfink! Das ist wohl die schmutzigste Hand in der ganzen Klasse! Für eine solch schmutzige Hand gibt es eine Strafe, und zwar fünf Stockschläge auf die Finger. Aber die Strafe will ich dir erlassen, wenn du mir eine Hand in der Klasse zeigen kannst, die noch schmutziger ist.“ Für Lincoln war das kein Problem. Er hatte schließlich noch eine Hand, nämlich die linke, die noch nicht abgewischt war. Er streckte sie vor und entkam der Strafe.

Auswertung zum Test

Für jedes richtig gesetzte Komma bekommst du einen Punkt. Für jedes falsch gesetzte musst du einen Punkt abziehen.

Von insgesamt 19 Punkten hast du .... Punkte erreicht.

Super!	In Ordnung!	Bitte noch einmal üben!
19 bis 16 Punkte	15 bis 10 Punkte	Weniger als 10 Punkte

Glossar

Hier findest du wichtige Begriffe noch einmal erklärt.

- **Adjektiv:** Eigenschaftswort, Wiewort; das Adjektiv bezeichnet Eigenschaften und Bewertungen, es kann gesteigert werden.
- **Adverb:** Eine nicht deklinierbare Wortart, sie macht Angaben zu Raum, Zeit, Art und Weise, Grund.
- **Artikel:** Wortart, die das Substantiv begleitet und sein Geschlecht angibt. Man unterscheidet zwischen bestimmtem Artikel (**der, die, das**) und unbestimmtem Artikel (**ein, eine, ein**).
- **Bestimmungswort:** Im Deutschen kann man aus zwei Begriffen einen neuen Begriff bilden (**Schnabeltasse**). Das Grundwort (**Tasse**) gibt die Grundbedeutung an, das Bestimmungswort (**Schnabel**) grenzt diese Grundbedeutung ein.
- **direkte Rede:** Wörtlich wiedergegebene Aussage eines Sprechers, wird durch Anführungszeichen gekennzeichnet und meist durch eine Redeeinleitung bzw. Redeerklärung eröffnet. Diese Redeerklärung kann auch innerhalb oder am Ende der direkten Rede stehen. Auch in diesen Fällen wird die direkte Rede durch Anführungszeichen begrenzt.
- **Grundwort:** siehe Bestimmungswort
- **indirekte Frage:** Frage, die eingebettet ist in einen weiteren Text (**Wir fragen uns, wie das geschehen konnte**.) Indirekte Fragen werden nicht durch Fragezeichen abgeschlossen.
- **indirekte Rede:** Gibt die Rede eines andern wieder. Dabei wird auf Anführungszeichen verzichtet. Konjunktiv I zeigt an, dass es sich um eine übermittelte Rede handelt.
- **Infinitivgruppe:** Eine Wortgruppe um einen Infinitiv herum, meist handelt es sich um einen mit **zu** erweiterten Infinitiv, wird nicht immer zwingend durch Komma vom Satz abgetrennt.
- **Konsonantendoppelung:** Die Verdoppelung eines Konsonanten dient der Kennzeichnung eines vorausgehenden kurzen Vokals.
- **Längenkennzeichnung:** Es gibt verschiedene Möglichkeiten anzuzeigen, dass ein Vokal lang gesprochen wird: langer Vokal

ohne Kennzeichen, langer Vokal durch Vokalverdoppelung gekennzeichnet, langer Vokal durch Dehnungs-h gekennzeichnet, langes **i** durch **e** gekennzeichnet (**Dieb**).

- **Nomen:** Wortart (auch Substantiv genannt), bezeichnet Lebewesen, Dinge, Sachen, Sachverhalte, wird immer großgeschrieben.
- **Nominalisierung:** Ein Wort einer nichtnominalen Wortart wird als Nomen verwendet und großgeschrieben.
- **Personalpronomen:** Pronomen, das eine Person repräsentiert.
- **Semikolon:** Satzzeichen (;), das Sätze bzw. Glieder einer Aufzählung stärker inhaltlich trennt als ein Komma, aber nicht so stark wie ein Punkt.
- **Substantiv:** siehe Nomen
- **Substantivierung:** siehe Nominalisierung
- **stimmhafter s-Laut:** Man unterscheidet im Deutschen stimmhaft gesprochenes **s** und stimmlos gesprochenes **s.** Diese Unterscheidung findet sich allerdings nicht in allen deutschen Regionen. Der stimmhafte Laut lässt sich als „gesummt“ charakterisieren, während das stimmlose **s** scharf, zischend gesprochen wird.
- **trennbare Verbindungen:** Verbindungen, die unter bestimmten Bedingungen aufgelöst werden (**ansprechen – ich spreche an**), ihnen stehen untrennbare Verbindungen gegenüber, die nicht aufgelöst werden können (**überzeugen – ich überzeuge**)
- **untrennbare Verbindungen:** siehe trennbare Verbindungen
- **unbestimmte Artikel:** siehe Artikel
- **Verb:** Tätigkeitswort; informiert über die Tätigkeit, Handlung, das Geschehen, das im Mittelpunkt des Satzes steht.
- **Vokaldehnung:** nicht ganz korrekter Begriff, der das Phänomen der langen („gedehnten“) Vokale benennt.

Stichwortverzeichnis